统计分析方法与应用研究

张聪伟 著

延边大学出版社

图书在版编目（CIP）数据

统计分析方法与应用研究 / 张聪伟著. -- 延吉：延边大学出版社，2022.7
ISBN 978-7-230-03469-2

Ⅰ．①统… Ⅱ．①张… Ⅲ．①统计分析－分析方法②统计分析－应用－研究 Ⅳ．①C81

中国版本图书馆CIP数据核字(2022)第130600号

统计分析方法与应用研究

著　　者：张聪伟
责任编辑：郑明昱
封面设计：正合文化
出版发行：延边大学出版社
社　　址：吉林省延吉市公园路977号　　邮　　编：133002
网　　址：http://www.ydcbs.com　　E-mail：ydcbs@ydcbs.com
电　　话：0433-2732435　　传　　真：0433-2732434
印　　刷：北京宝莲鸿图科技有限公司
开　　本：787×1092　1/16
印　　张：12
字　　数：200 千字
版　　次：2022 年 7 月 第 1 版
印　　次：2022 年 7 月 第 1 次印刷
书　　号：ISBN 978-7-230-03469-2

定价：68.00元

前　言

随着社会经济的日益发展，统计分析方法不仅是专业统计人员研究现象总体数量特征的手段，而且越来越成为各类经济管理人员以及社会大众认识事物存在状况与关系、把握现象发展变化规律的有效工具，其应用深入到科学研究、社会管理、经济分析、商务活动等领域。可以说，掌握并有效运用统计分析方法，有助于人们提高认识水平，增强解决问题的能力，进行科学决策。

统计学是一门搜集、整理、显示和分析统计数据的科学，其目的是探索数据内在的数量规律性。正是因为统计学总是在和数据打交道，因而也可称统计学为"数据的科学"，即"从数据中获得信息的科学"。

统计工作和统计科学是理论和实践的关系。一方面，统计工作的开展，需要统计科学的指导。统计科学是统计工作的经验总结和理论概括，只有统计工作有了一定的发展，人们积累了相当的经验，并加以总结，才能形成一门独立的统计科学。另一方面，统计科学的研究又大大促进了统计工作的开展，统计工作的现代化是与统计科学技术的进步分不开的。

本书在编写过程中，参阅了相关的文献资料，在此谨向作者表示衷心的感谢。由于本人水平有限，书中内容难免存在不妥、疏漏之处，敬请广大读者批评指正，以便进一步修订和完善。

张聪伟

2022 年 5 月

目 录

第一章 统计与统计学 ... 1
第一节 统计概述 ... 1
第二节 统计学的研究对象与研究方法 ... 2
第三节 统计学的分科及其与其他学科的关系 ... 7
第四节 统计学中的一些基本概念 ... 10

第二章 统计数据的搜集、整理与综合分析 ... 17
第一节 统计数据的搜集 ... 17
第二节 统计数据的整理 ... 33
第三节 统计数据分布特征的综合分析 ... 42

第三章 概率与概率分布 ... 50
第一节 随机事件及概率 ... 50
第二节 概率计算规则 ... 52
第三节 随机变量的概率分布 ... 54
第四节 随机变量的数据特征 ... 58
第五节 常用概率分布之间的关系和应用 ... 63

第四章 抽样推断与统计检验 ... 66
第一节 明确抽样推断的内涵 ... 66
第二节 抽样误差的计算 ... 69

第三节　抽样推断的相关概念与方法 73
　　第四节　假设检验 80
　　第五节　假设检验在审计抽样工作中的应用 85

第五章　方差分析 91
　　第一节　方差分析的基本原理 91
　　第二节　单因素方差分析与应用 94
　　第三节　无交互作用的方差分析 97
　　第四节　有交互作用的方差分析 101
　　第五节　随机区组设计的方差分析及其应用 105

第六章　正态总体的参数检验 109
　　第一节　多变量抽样分布 109
　　第二节　均值向量的假设检验 113
　　第三节　协方差矩阵的假设检验 121

第七章　主成分分析 128
　　第一节　主成分分析概述 128
　　第二节　主成分的性质及求解方法 133
　　第三节　由样本数据求主成分 143

第八章　因子分析 146
　　第一节　因子分析概述 146
　　第二节　因子载荷的求解 154
　　第三节　因子旋转与因子得分 158

第九章 判别分析 ... 161

第一节 距离判别法 ... 161
第二节 Bayes 判别法 ... 167
第三节 Fisher 判别法 ... 171

参考文献 ... 179

第一章　统计与统计学

第一节　统计概述

统计作为一种社会实践活动已有悠久的历史。在外语中，"统计"与"国家"来自同一词源，可以说自从有了国家就有了统计实践活动。最初，统计只是为统治者管理国家的需要而搜集资料，弄清国家的人力、物力和财力，作为国家管理的依据。今天，"统计"一词已被人们赋予多种含义。在不同场合，统计一词具有不同的含义。它可以指统计数据的搜集活动，即统计工作；也可以指统计活动的结果，即统计数据资料；还可以指分析统计数据的方法和技术，即统计学。

一、统计工作

统计工作是搜集、整理、分析和研究统计数据资料的工作过程。统计工作在人类历史上出现较早。随着历史的发展，统计工作逐渐得以发展和完善，并成为国家、公司和个人及科研单位认识与改造客观世界和主观世界的一种有力工具。统计工作可以简称为"统计"。例如，某统计师在回答自己的工种时，会说我是干统计的。这里所说的"统计"指的就是统计工作。

二、统计数据资料

统计数据资料是统计工作活动进行搜集、整理、分析和研究的主体及最终成果。不管是社会、集体和个人，还是国家、公司和科研机构，都离不开统计数据资料。个人的学习、工作和家政管理，需要对有关的统计数据资料进行搜集和分析；公司和企业要管理好生产和销售，就必须进行市场调研、生产控制、质量管理、人员培训、成本评估等，这就需要对有关的生产资料、市场资料、成本资料、人员资料、质量数据等进行搜集、整理、分析和研究；国家要管理经济建设和社会发展，更离不开有关国民经济和社会发展的统计数据资料。

三、统计学

统计学是对研究对象的数据资料进行搜集、整理、分析和研究，以显示其总体特征和规律性的学科。统计学的研究对象是客观事物的数量特征和数据资料，它以搜集、整理、分析和研究等统计技术为手段，通过对研究对象的总体数量关系和数据资料去伪存真、去粗取精，达到显示、描述和推断研究对象的特征、趋势和规律性的目的。

统计工作和统计学之间是实践和理论的关系。统计理论来源于统计实践，它是对统计工作经验的总结和概括。反过来，统计理论又是指导统计工作的原则和方法。

总之，统计工作、统计数据、统计学三者间，统计工作是基础。没有统计工作，缺少实践基础，统计学也就不可能得以形成和发展。

第二节 统计学的研究对象与研究方法

一、统计学的研究对象

由统计学的概念可知，统计学的研究对象是具有某种相同属性的群体现象，以及探索群体现象数量表现的内在规律性及对群体现象进行计量描述和分析推断的方法。它包含了统计学的三个核心要点。

（一）研究对象是群体现象

总体、样本和个体是统计学中三个最基本的概念。总体是指研究对象全体的集合；样本是指来自总体中的部分对象的集合，个体是指总体中的任何一个元素（称为总体单位）。统计学的研究对象是这些集合而不是组成这些集合的一个个元素。例如，如果要知道某一物体的质量，只要把它称一称即可，无须进行统计分析。然而，若要知道一批物体的总质量与平均质量，一群人的最高者、最低者和这群人的平均身高，就需要测量汇总，并采用一定的统计方法进行平均。若期望通过其中的小部分，即样本的信息来了解总体，则需要抽样、估计检验、统计分析推论的一套过程，而这些正是统计学的内容。尽管总体或样本的信息都表现在一个个元素或个体上，研究总体离不开个体或部分个体，但统计学研究的不是个体现象，而是通过个体或部分个体所载有的信息来研究、认识和说明总体现象。

（二）探索群体现象数量表现的内在规律性

统计探索的是群体现象数量表现的内在规律性，这里有两个要点：数量性和规律性。

1. 数量性

统计学"statistics"一词有两个含义：当其以单数名词出现时，表示作为一门学科的"统计学"；当其以复数名词出现时，则表示"统计数据"或"统计资料"这一名词特性，直观地说明了统计学与统计数据之间密不可分的关系。统计学由一套搜集和处理统计数据的方法组成，这些方法来源于对统计数据的研究。离开了统计数据，统计方法就失去了用武之地，统计学也就失去了存在的意义。而统计数据如果不用统计方法加以分析，则仅仅是一组数据而已，人们无法从中得到任何有益的结论。

此外，统计数据在英文中是以复数形式出现的，这表明统计数据不是指单个数据，而是由多个数据构成的数据集。单个数据显然用不着使用统计方法进行分析，仅凭一个数据也不可能得出事物的规律性，只有通过对同一事物进行多次观察或计量后得到的大量数据，才能利用统计方法探索出其内在的规律。

统计学是用数字来说明群体现象特征的，既可以是其数量方面的特征，如人的身高、年龄等；也可以是属性方面的特征，如人的性别、民族等。统计学所研究的群体现象的特征，总是用数字来计量、说明的。例如，统计学所探索的某人口群体的性别特征，表现为不同性别的人口在总人口中的数量、比例；民族特征则表现为各民族人口在总人口中的数量、比例等。

　　2.规律性

　　统计学研究的是各个体之间在数量上存在差异的群体现象。如果一批物体中的每件质量都一样，一群人中的每个人身高都相同，则是用不着进行统计研究的。然而，现实中群体现象总是由多数量特征各异的个体所组成，而这些有差别的个体数量特征中却存在着某一数量规律性。统计学提供了探索数据内在规律性的一套方法。

（三）对群体现象数量特征进行计量描述和统计推断

　　统计学对群体现象数量特征的计量描述，是指通过对客观现象的数据搜集，并以图表等形式对所搜集的数据进行加工处理和显示，进而综合、概括与分析得出反映所研究群体现象的规律性数量特征。

　　统计学对群体现象数量特征的统计推断是研究如何通过随机抽样的样本数据的特征去推断总体数量特征的方法。它是在对样本数据进行描述的基础上，对统计总体的未知数量特征做出以概率形式表述的推断。

二、统计学的研究方法

　　根据研究对象的性质和特点，统计学形成了自己专门的研究方法，基本方法有实验设计法、大量观察法、统计描述法和统计推断法。

（一）实验设计法

　　统计需要分析数据，首先需要考察数据的来源是否合适，实验采集的数据是否符合分析的目的和要求。如果实验数据不能反映现象的真实情况，或不能用于估计总体的数量特征，那么接下来的一系列分析工作也将是白费工夫。例如，要比较某农作物 A 品种和 B 品种的收获率高低，分别在两地段播种 A 品种和 B 品种，结果获得 A 品种单位面积产量高于 B 品种的数据。如果根据这个数据判断 A 品种优于 B 品种，那么这个结论就太不可靠了。因为，影响农作物收获率高低的因素不但有种子品种的差异，还有土地区位、土地肥沃程度等差异。所以，我们需要事先做出安排，在实验结果数据的差异中排除可控因素（土地）的差异，而显示不可控因素（品种）的差异。所谓"实验的统计设计"就是指设计合理的实验程序，使得搜集到的数据符合统计分析方法的要求，以便得出有效且客观的结论。这种方法主要适用于自然科学研究和工程技术领域的统计数据搜集。

实验统计设计要遵循以下三个基本原则：

1. 重复性原则

重复性原则指在相同条件下多次重复实验。如果只把一次实验所得的数据作为总体的估计量，精度就会很差，这时实验的误差就等于观察的误差，此时就很难用观察的数据来代表总体情况。多次重复实验的好处是明显的，其一，可以获得更加精确的效应估计量；其二，可以获得实验误差的估计量。这些都是提高估计精度或缩小误差范围所需要的。

2. 随机性原则

随机性原则是指在实验设计中，对实验对象的分配和实验次序都是随机安排的。这种随机安排可以使可控的影响因素作用均匀化，突出不可控影响因素的作用。例如，在种子品种的实验中如果不是将 A 品种固定在甲地段、B 品种固定在乙地段，而是在两地段随机地选择不同品种进行多次重复实验，可以断定这种安排在不同品种收获率的差异中，土地因素的影响会大大减少，而品种因素的影响会大大增加。所以，随机性原则是实验设计的重要原则。

3. 区组化原则

区组化原则是利用类型分组技术，对实验对象按有关标志顺序排队，然后依次将各单位随机地分配到各处理组中，使各处理组组内标志值的差异相对扩大，而处理组组间的差异相对缩小，这种实验设计安排被称为"随机区组设计"，可以提高处理组的估计精度。

（二）大量观察法

大量观察法是统计学所特有的方法。所谓"大量观察法"是指对研究事物的全部或足够数量进行观察的方法。社会现象或自然现象都受各种社会规律或自然规律相互交错的影响。在现象总体中，个别单位往往受偶然因素的影响，如果任选其中之一进行观察，其结果不足以代表总体的一般特征；只有观察全部或足够数量的单位并加以综合，影响个别单位的偶然因素才会相互抵消，现象的一般特征才能显示出来。大量观察的意义在于可以使个体与总体间在数量上的偏误相互抵消。

大量观察法的数学依据是大数定律。大数定律是随机现象的基本规律。大数定律的一般概念是：在观察过程中，每次取得的结果不同，这是由偶然性因素所致的，但大量、重复观察结果的平均值却接近于确定的数值。狭义的大数定律就是指概率论中反映上述规律一些表述平均数的规律性与随机现象的概率关系的定理。

大量观察法的本质意义在于经过大量观察，把个别的、偶然的差异性相互抵消，而显示出必然的、集体的规律性。例如，当我们观察个别家庭或少数家庭的婴儿出生时，生男生女的比例参差不齐：有的是生男不生女，有的是生女不生男；有的是女多男少，有的是男多女少。然而，经过大量观察，男婴、女婴的出生数则趋向均衡。也就是说，观察的次数愈多，离差的值就愈小，或者说频率出现了稳定性。这就表明，同质的大量现象是有规律的，尽管个别现象受偶然性因素的影响会出现偏差，但当观察数量达到一定程度时就呈现出规律性。

（三）统计描述法

统计描述法是指对由实验或调查得到的数据进行登记、审核、整理和归类，计算出各种能反映总体数量特征的综合指标，并加以分析以从中抽出有用的信息，用表格或图像把它表示出来。统计描述是统计研究的基础，它为统计推断、统计咨询、统计决策提供必要的事实依据。统计描述也是对客观事物的认识不断深化的过程，通过对分散无序的原始资料的整理归纳，揭露客观事物的内在数量规律性，从而达到认识事物的目的。

（四）统计推断法

统计在研究现象的总体数量关系时，需要了解的总体对象的范围往往是很大的，甚至是无限的，由于经费、时间和精力等原因的限制，有时只能从中观察部分单位或有限单位并对其进行计算和分析，进而根据局部观察结果来推断总体。例如，要说明一批灯泡的平均使用寿命，只能从该批灯泡中抽取一小部分进行检验，推断这一批灯泡的平均使用寿命，并给出这种推断的置信程度。这种在一定置信程度下，根据样本资料的特征，对总体的特征做出估计和预测的方法被称为统计推断法。

统计推断法是现代统计学的基本研究方法，在统计研究中得到了极为广泛的应用，它既可以用于对总体参数的估计，也可以用作对某些分布特征的假设检验。从某种意义上说，统计学就是在不确定条件下做出决策或推断的一种方法。

第三节 统计学的分科及其与其他学科的关系

一、统计学的分科

统计方法已被应用到自然科学和社会科学的众多领域，统计学也发展成由若干分支学科组成的学科体系。从统计方法的构成来看，统计学可以分为描述统计学和推断统计学；从统计方法的研究模式和统计方法的应用角度来看，统计学可以分为理论统计学和应用统计学。

（一）描述统计学和推断统计学

描述统计学研究如何取得反映客观现象的数据，并以图表形式对收集的数据进行加工处理和显示，进而通过综合概括与分析得出反映客观现象的规律性数量特征。其内容包括统计数据的收集方法、数据的加工处理方法、数据的显示方法、数据分布特征的概括与分析方法等。

推断统计学则研究如何根据样本数据去推断总体数量特征的方法，它在对样本数据进行描述的基础上，对统计总体的未知数量特征以概率形式做出推断。

描述统计学和推断统计学的划分，反映了统计方法发展的前、后两个阶段，同时也反映了应用统计方法在探索客观事物所具有的数量规律性方面的不同过程。

统计研究过程的起点是统计数据，终点是探索出客观现象之间内在的数量规律性。在这一过程中，如果收集到的是总体数据（如普查数据），则经过描述统计之后就可以达到认识总体所具有的数量规律性的目的；如果所获得的只是研究总体中的一部分数据（样本数据），那么要找到总体的数量规律性，则必须应用概率论的知识并根据样本信息对总体进行科学的推断。

显然，描述统计和推断统计是统计方法的两个组成部分。描述统计是整个统计学的基础，推断统计则是现代统计学的主要内容。由于在现实问题的研究中获得的数据主要是样本数据，因此，推断统计在现代统计学中的地位和作用越来越重要，已成为统计学的核心内容。当然，这并不是说描述统计不重要，如果没有描述统计来收集可靠的统计数据并提供有效的样本信息，即使再科学的统计推断方法也难以得出切合实际的结论。从描述统计学发展到推断统计学，既反映了统计学发展所取得的巨大成就，也是统计学发展成熟的重要标志。

（二）理论统计学和应用统计学

理论统计学是指统计学的数学原理，它主要研究统计学的一般理论和统计方法的数学理论。现代统计学用到了几乎所有方面的数学知识，从事统计理论和方法研究的人员需要有坚实的数学基础。此外，由于概率论是统计推断的数学和理论基础，因而，广义地讲，统计学也应该包括概率论在内。理论统计学是统计方法的理论基础，没有理论统计学的发展，统计学也不可能发展成为今天这样一个完善的科学知识体系。

在统计研究领域中，从事理论统计学研究的人相对较少，大部分是从事应用统计学研究的。应用统计学研究如何用统计方法解决实际问题。由于自然科学及社会科学领域都需要通过数据分析来解决实际问题，因而，统计方法的应用几乎扩展到了所有的科学研究领域。例如，统计方法在生物学中的应用形成了生物统计学，在医学中的应用形成了医疗卫生统计学，在农业试验、育种等方面的应用形成了农业统计学。统计方法在经济和社会科学研究领域的应用也形成了若干分支学科。例如，统计方法在经济领域的应用形成了经济统计学及其若干分支，在管理领域的应用形成了管理统计学，在社会学研究和社会管理中的应用形成了社会统计学，在人口学中的应用形成了人口统计学，等等。以上这些应用统计学的不同分支采用的统计方法基本都是一样的，即都是描述统计和推断统计中的主要方法。但由于各应用领域都有其特殊性，统计方法在不同领域的应用中又形成了各自的特点。

二、统计学与其他学科的关系

统计学的迅速发展，已使它从各门实质性科学中分离出来，并逐渐形成了与经济学、哲学、数学等并列的一级学科的发展趋势。但统计学在某些方面还与其他科学有着密切的联系，很难将它们严格区分开来。

（一）哲学、数学与理论统计学的关系

哲学是关于世界观的学说，是自然知识和社会知识的概括和总结，是人类认识世界的一种基本方法论学说。因此，对于认识社会的具体方法论科学——统计学，也必然以哲学为其方法论基础。统计学在把统计方法应用于其他科学领域的研究中，以及探索客观规律性的实践活动中，起着哲学普遍原理的指导作用（例如，哲学中实践第一的观点，在统计学中要求统计资料、数字要真实，不能虚报和瞒报）。

数学是研究现实世界的空间形式和数量关系的科学。它属于自然科学，是其他科学的数理基础。统计学是计量分析的工具，它离不开数学方法，与数学有着密切的关系。首先，统计学对客观事物的数量认识，需要遵循各类事物间数量关系的客观性，而数学方法正是对客观数量关系的规律性认识，所以采用数学方法是对数量关系进行处理和认识的捷径。其次，统计研究经常利用数学模型来进行，通过模型对事物向所具有的数量关系进行本质的反映，抛开了杂乱的次要因素及随机因素的影响，属于科学的认识方法。最后，统计学中各种特征值的计算都是数学方法的具体体现，所以说统计研究中注意数学方法的应用是科学发展和进步的客观要求。而统计学与数学的主要区别就在于数学以确定性数量关系为主要研究对象，统计学以随机性数量关系为主要研究对象。

任何事物都是在质与量的辩证统一中存在和发展的，统计学正是在这种关系中侧重对事物的数理规律的研究。它在哲学思想的指导下，应用数学等方法为其他科学研究和管理提供了有效的方法论工具。

（二）经济学与统计学的关系

经济学是研究与资源最优配置相关的一系列经济问题的各类学说。为使资源配置最优，需要客观地认识各种经济规律，了解各类经济现象的特征，这主要是实证经济学的任务，而实证分析借助的工具主要就是统计学。

作为经济学的分支——计量经济学，是以经济理论为基础，运用数学和统计方法对经济数据和信息进行分析，以测定经济关系的方法论科学。

作为统计学的分支——经济统计学，是以经济理论为指导，对经济生活中各类指标、经济关系进行计量、反映以及分析研究的学说。

（三）经济统计学与经济核算的关系

经济统计学是以经济生活中大量存在的数量特征及数量关系作为对象的统计学科，它以经济现象指标体系的设计与核算及指标间的数量关系为主要研究内容，为经济管理活动和经营分析行为提供依据和方法。这样经济统计学就必然以经济核算为主要的研究内容，而属于经济核算范畴的并不只是统计核算，它主要包括会计、统计和业务三种核算，这三种核算各自独立、相互联系，共同构成经济核算的有机整体。会计核算是以企业的资金运动为对象的微观经济的具体价值量核算，业务核算是以各类业务工作为对象的具体实物量核算，统计核算是以经济生活的总体行为为对象的，是不同于前两种具体核算的综合性核算。经济统计核算主要包括两部分内容：一是国民经济核算，即以一定的经济理论为指导，综合运用统计、会计和数学等方法，对某地区的国民经济各类总量指标及其构成在特定时刻的存量及一定时期内的各类经济流向和流量进行的综合核算。二是企业经济统计核算，是在会计和业务核算的基础上，为满足宏观经济核算和企业自身经营管理的需要，对企业经济总量及其构成进行的各类存量和流量的核算。

第四节　统计学中的一些基本概念

一、总体和总体单位

统计总体简称"总体"，是指客观存在的、在同一性质的基础上结合起来的许多个别单位的整体。构成总体的这些个别单位被称为"总体单位"。例如，所有的工业企业就是一个总体，这是因为在性质上每个工业企业的经济职能都是相同的，即都是从事工业生产活动的基本单位，这些工业企业的集合就构成了统计总体。对于该总体来说，每一个工业企业就是一个总体单位。

总体可以分为有限总体和无限总体。如果总体所包含的单位数是有限的，则称为"有限总体"，如人口数、企业数、商店数等；如果总体所包含的单位数是无限的，则称为"无限总体"，如连续生产的某种产品的生产数量、大海里的鱼类资源数量等。对有限总体可以进行全面调查，也可以进行非全面调查；而对无限总体只能抽取一部分单位进行非全面调查，据以推断总体。

（一）统计总体具有的主要特点

1. 同质性

同质性是指总体中的各个单位必须具有某种共同的属性或标志数值。例如，国有企业总体中每个企业共同的标志属性是国家所有。同质性是总体的根本特征，只有个体单位是同质的，统计才能通过对个体特征的观察研究，归纳和揭示出总体的综合特征和规律性。

2. 大量性

大量性是指总体中包含的总体单位有足够多的数量。总体是由许多个体在相同性质的基础上结合起来的整体，个别单位不能构成总体。总体的大量性，可使个别单位某些偶然因素的影响表现为数量上偏高或偏低的差异，其间相互抵消，从而显示出总体的本质和规律性。

3. 差异性

差异性（或称变异性）是指总体的各单位之间有一个或若干个可变的品质标志或数量标志，从而表现出相应的差异。例如，某领域的职工总体中各单位间有男、女的性别属性差异，有20岁、21岁、22岁等年龄标志数值的差异。

（二）确定总体与总体单位须注意的要点

第一，构成总体的单位必须是同质的，不能把不同质的单位混在同一总体之中。例如，研究工人的工资水平，就只能将靠工资收入的职工列入统计总体的范围。同时，也只能对职工的工资收入进行考察，职工由其他方面取得的收入就要排除在外，这样才能准确反映职工的工资水平。

第二，总体与总体单位具有相对性，并随着研究任务的改变而改变。同一单位可以是总体也可以是总体单位。例如，如果要了解全国工业企业职工的工资收入情况，那么全部工厂是总体，各个工厂是总体单位。如果要了解某个企业职工的工资收入情况，那么该企业是总体，每位职工的工资是总体单位。

二、统计标志

（一）标志和标志表现

统计标志简称"标志"，是指统计总体中各单位所具有的共同特征的名称。从不同角度考察，每个总体单位可以有许多特征，如每个职工可以有性别、年龄、民族、工种等特征，这些都是职工的标志。

标志表现是标志特征在各单位的具体体现。例如，职工的性别是女，年龄为32岁，民族为汉族，这里的"女""32岁""汉族"就是性别、年龄、民族这三个标志的具体体现，也就是标志表现。

（二）标志的分类

1.按变异情况分

标志按变异情况可分为不变标志和变异标志。当一个标志在各个单位的具体表现都相同时，这个标志被称为"不变标志"；当一个标志在各个单位的具体表现有可能不同时，这个标志就称为"可变标志"或"变异标志"。

不变标志是构成统计总体的基础，因为至少必须有一个不变标志将各总体单位联结在一起，才能使它具有"同质性"，从而构成一个总体。变异标志是统计研究的主要内容，因为如果各个标志在各总体单位之间的表现都相同，那就没有进行统计分析研究的必要了。

2.按性质分

标志按其性质可以分为品质标志和数量标志。品质标志表示事物所具有的质的特性，是不能用具体数值表示的，如职工的性别、民族、工种等。数量标志表示事物所具有的量的特性，是可以用具体数值表示的，如职工年龄、工资、工龄等。品质标志主要用于分组，将性质不同的总体单位划分开来，便于计算各组的总体单位数、计算结构和比例指标。数量标志既可用于分组，也可用于计算标志总量以及其他各种质量指标。

三、统计指标

（一）统计指标及其构成要素

统计指标一般有两种理解：

第一，统计指标是指反映总体现象所具有的数量特征的概念。如人口数、商品销售额、劳动生产率等。它包括三个构成要素：指标名称、计量单位、计算方法。这是统计理论与统计设计上所使用的统计指标的含义。

第二，统计指标是反映总体现象数量特征的概念和具体数值。统计指标除了包括上述三个构成要素外，还包括时间限制、空间限制、指标数值。这是统计实际工作中经常使用的统计指标的含义。因此，统计指标包括六个具体的构成因素。

一般认为，对统计指标的这两种理解都是成立的。在做一般性统计设计时，只能设计统计指标的名称、内容、口径、计量单位和方法，这是不包括数值的统计指标。然后经过搜集资料、汇总整理、加工计算可以得到统计指标的具体数值，用来说明总体现象的实际数量状况及其发展变化的情况。从不包括数值的统计指标到包括数值的统计指标，在一定意义上反映了统计工作的过程。

（二）统计指标的特点

1. 数量性

数量性指所有的统计指标都可以用数值来表现，这是统计指标最基本的特点。统计指标所反映的是客观现象的数量特征，这种数量特征是统计指标存在的形式，没有数量特征的统计指标是不存在的。正因为统计指标具有数量性的特点，它才能对客观总体进行量的描述，才使得统计研究运用数学方法和现代计算技术成为可能。

2. 综合性

综合性是指统计指标既是同质总体大量个别单位的总计，又是大量个别单位标志差异的综合，是许多个体现象数量综合的结果。例如，某人的年龄、某人的存款额不能叫作统计指标，一些人的平均年龄、储蓄总额、人均储蓄才叫作统计指标。统计指标的形成必须经过从个体到总体的过程，它通过个别单位数量差异的抽象化来体现总体综合数量的特点。

3.具体性

统计指标的具体性有两个方面的含义：一是统计指标不是抽象的概念和数字，而是一定的、具体的社会经济现象的量的反映，是在质的基础上形成的量的集合。这一点使社会经济统计和数理统计、数学相区别。二是统计指标说明的是客观存在的、已经发生的事实，它反映了社会经济现象在具体地点、时间和条件下的数量变化，这一点又和计划指标相区别。统计指标反映的是过去的事实和根据这些事实综合计算出来的实际数量，而计划指标则表示未来所要达到的具体目标。

（三）标志与指标的区别和联系

1.区别

第一，标志是说明总体单位特征的，指标是说明总体特征的。例如，一个工人的工资是数量标志，全体工人的工资总额是统计指标。

第二，标志包括用文字表示的品质标志和用数值表示的数量标志，指标则都是用数值表示的，没有不能用数值表示的指标。

2.联系

第一，统计指标的数值多是由总体单位的数量标志值综合汇总而来的。例如，工资总额是各个职工的工资之和，工业总产值是各个工业企业的工业总产值之和。由于指标与标志之间存在这种综合汇总关系，所以有些统计指标的名称与标志是一样的。

第二，标志与指标之间存在着变换关系。如果由于统计研究目的的变化，原来的统计总体变成总体单位了，则相对应的统计指标也就变成了数量标志。反过来，如果原来的总体单位变成总体了，则相对应的数量标志也就变成了统计指标。

（四）统计指标的种类

1.按说明总体内容分类

统计指标按说明总体内容，可分为数量指标和质量指标。

数量指标是说明总体外延规模的统计指标，如人口数、企业数、工资总额、商品销售额等。数量指标所反映的是总体的绝对数量，具有实物的或货币的计量单位，其数值的大小随着总体范围的变化而变化，它是认识总体现象的基础指标。

质量指标是说明总体内部数量关系和总体单位水平的统计指标，如人口的年龄构成、性别比例、平均单产、平均工资等。它通常用相对数和平均数的形式来表现，其数值的大小与范围的变化没有直接关系。

2. 按作用和表现形式分类

统计指标按作用和表现形式，可分为总量指标、相对指标和平均指标。其中，总量指标又可以分为实物指标、劳动指标和价值指标三种。

3. 按管理功能作用分类

统计指标按管理功能作用，可分为描述指标、评价指标和预警指标。

描述指标主要反映社会经济运行的状况、过程和结果，提供对社会经济总体现象的基本认识，是统计信息的主体。例如，反映社会经济条件的土地面积指标、自然资源拥有量指标、社会财富指标、劳动资源指标、科技力量指标，反映生产经营过程和结果的国民生产总值指标、工农业总产值指标、国民收入指标、固定资产指标、流动资金指标、利润指标，反映社会物质文化的娱乐设施指标、医疗床位数指标，等等。

评价指标是用于对社会经济运行的结果进行比较、评估和考核，以检查工作质量或其他定额指标的完成情况所使用的指标（包括国民经济评价指标和企业经济活动评价指标）。

预警指标一般用于对宏观经济运行情况进行监测，对国民经济运行中即将发生的失衡、失控等进行预报和警示。通常选择国民经济运行中的关键性、敏感性经济现象来建立相应的监测指标体系。例如，针对经济增长、经济周期波动、失业、通货膨胀等，可以建立国民生产总值与国民收入增长率、社会消费率、积累率、失业率、物价水平、汇率、利率等预警指标。

四、统计指标体系

由于各种现象的复杂多样性及现象之间相互联系的性质，只用个别统计指标来反映是不够的，需要采用统计指标体系来进行描述。统计指标体系就是各种相互联系的统计指标所构成的一个有机整体，用来说明所研究现象各个方面相互依存和相互制约的关系。统计指标体系因各种现象本身之间联系的多样性和统计研究目的的不同而分为不同的类别。

根据所研究问题的范围大小，可以建立宏观统计指标体系和微观统计指标体系。宏观统计指标体系是反映整个现象大范围的统计指标体系（如反映整个国民经济和社会发展的统计指标体系）。微观统计指标体系是反映较小范围的统计指标体系（如反映企业或事业单位的统计指标体系）。介于这两者之间的可以称为"中观统计指标体系"（如反映各地区或各部门的统计指标体系）。

根据所反映现象范围的内容不同，统计指标体系又可以分为综合性统计指标体系和专题性统计指标体系。综合性统计指标体系是较全面地反映总系统及其各个子系统的综合情况的统计指标体系（如国民经济和社会发展统计指标体系）。专题性统计指标体系则是反映某一个方面或某一问题的统计指标体系（如经济效益指标体系就是专题性统计指标体系）。

第二章 统计数据的搜集、整理与综合分析

数据搜集是统计学的最基本环节。任何统计研究都是从搜集被研究现象的一定资料开始的。统计数据的搜集是认识事物的起点，对统计资料的整理、汇总与分析都必须在搜集统计资料的基础上进行，所以搜集到的数据决定了整个统计工作的质量。

第一节 统计数据的搜集

数据搜集是根据统计研究预定的目的、要求和任务，运用科学的方法与手段，有计划、有组织地向调查对象搜集数据资料的过程。从统计工作过程的阶段性看，统计数据的搜集处于统计工作过程的基础阶段。

一、统计数据的来源和类别

从使用者的角度看，统计数据资料的来源主要有两个：一种是通过直接调查获得的原始数据，这是统计数据的直接来源，一般称为第一手或直接的统计数据；另一种是别人调查的数据，对这些数据进行加工和汇总得到的数据，通常称为次级或间接的统计数据。一切间接的统计数据都是从直接的、第一手数据转化而来的。

（一）数据的直接来源——原始数据

获取数据的最基本形式就是进行统计调查或实验活动，统计调查和实验法就是统计

数据的直接来源。

1. 统计调查

统计调查是指根据统计研究预定的目的、要求和任务，运用科学的方法，有计划、有组织地搜集统计资料的过程。通过统计调查得到的数据，一般称为观测数据。

统计调查中的各项统计资料必须真实可靠、符合客观实际情况，要及时地获取各种资料，并且资料必须是完整的、毫无遗漏的。

按调查对象的范围不同，统计调查一般分为全面调查和非全面调查。

全面调查主要是指普查。普查是对构成调查对象的所有单位逐一进行登记或观察的调查方式。世界各国都定期（一般是 10 年）进行人口普查、农业普查等。普查虽然可以获得详细而丰富的统计数据，但它涉及千家万户，所花费的时间、人力、财力和物力都太大，不宜经常进行。

非全面调查是对调查对象总体中的一部分单位进行登记或观察的调查方式。重点调查、典型调查、抽样调查都是非全面调查。抽样调查是指随机地抽取调查单位进行调查，因此人们可以根据抽样结果推断总体的数量特征。但重点调查和典型调查与抽样调查有很大不同，它们调查的单位不是随机抽取的，具有一定的主观性，因此调查结果不能用于推断总体。

2. 实验法

实验法是直接获得统计数据的又一重要来源。通过实验法得到的数据就是实验数据。例如，要知道一种新型化肥对农作物是否有增产功效，研究者通过实验设计，在保证温度、湿度、土壤等相关因素相同的基础上，控制该化肥的使用量，观察并记录农作物的产量数据，从而获得第一手实验数据。

（二）数据的间接来源——次级数据

次级数据是指由其他人收集和整理得到的统计数据。这种在他人调查整理的基础上获得的数据，是数据的间接来源。数据使用者自身不直接参与调查或试验工作，而是通过网络、期刊、书籍等渠道搜集到的数据，经过加工整理，形成自己研究所需的资料。

从搜集范围上看，次级数据来源也有多种：

1. 可取自公开发表的外部信息

外部信息的主要渠道有：统计部门和各级政府部门公布的有关资料，如定期发布的统计公报、各类统计年鉴；各类信息中心、咨询机构、专业调查机构、各行业协会和联合会提供的市场信息和行业发展的数据情报；各类专业期刊、报纸、图书所提供的文献资料；各种会议，如博览会、展销会、交易会及学术研讨会上交流的有关资料；从国际联机数据网络和国内数据库获取的有关数据；等等。

2. 可取自未公开发表的内部信息

未公开发表的内部信息，主要取自相关单位或企业内部，比如购货单、物品入库单等各种单据和记录，经营活动过程中的各种统计报表，各种财务核算资料，等等。

次级数据具有采集成本低、采集速度快等优点。使用次级数据之前，有必要先对次级数据进行评价：应注意数据的含义、计算口径和计算方法，以避免误用或滥用；要注意次级数据的时间性，不能引用过时的数据；引用次级数据前应充分搞清这些数据所载信息的来源和可靠程度（是否为权威数据），引用时应注明数据的出处，以尊重他人的劳动成果。

二、数据的搜集方法

和其他领域的研究一样，当选定了相应的研究方案之后，一个重要的问题就是如何能准确、有效地搜集数据，从而客观、全面地反映所要研究的问题的真实状况。在实际工作中，无论我们采用以上哪种方式进行数据统计，都需要借助一定的数据搜集方法，以取得具体的统计数据。这些方法归纳起来，可分为询问调查和观察实验两大类。

（一）询问调查

询问调查是调查者与被调查者直接或间接接触以获得数据的一种方法，具体包括访问调查、邮寄调查、电话调查、计算机辅助调查、座谈会、个别深度访问等。

1. 访问调查

访问调查又称派员调查，它是调查者与被调查者通过面对面的交谈从而得到所需资料的调查方法。

2. 邮寄调查

邮寄调查是通过邮寄或媒体网络等方式将调查表或调查问卷送至被调查者手中，由被调查者填写，然后将调查表或调查问卷寄回或投放到指定收集点的一种调查方法。

3.电话调查

电话调查是调查人员利用电话同受访者进行语言交流,从而获得信息的一种调查方式。电话调查具有时效快、费用低等特点。

4.计算机辅助调查

计算机辅助调查也称计算机辅助电话调查系统。它是借助计算机软件工具的一套电话调查系统,典型的计算机辅助电话调查系统包括问卷设计、抽样、自动拨号、数据录入、实时监听、录音、项目管理等功能,它所保存的数据库中不仅有由调查人员直接录入的问卷数据,还包括调查人员在访问过程中的录音文件,以便随时对数据的质量进行审核。因此,该系统使电话调查更加便利和快捷,也使调查的质量大大提高了。

5.座谈会

座谈会也称为集体访谈法,是将一组被调查者集中在调查现场,让他们对调查的主题(如一种产品、一项服务或其他话题)发表意见,从而获取调查资料的方法。这种方法适用于收集与研究课题有密切关系的少数人员的倾向和意见。

6.个别深度访问

个别深度访问是一种一次只有一名受访者参加的特殊的定性研究。它是一种无结构的个人访问,调查人员运用大量的追问技巧,尽可能让受访者自由发挥,表达他的想法和感受。

(二)观察试验

观察试验是调查人员通过直接的观察或试验获得数据的一种方法,包括观察法和试验法。

1.观察法

观察法指调查者深入调查单位调查现场,进行直接观察、计数、测量、测试和记录,以取得统计资料的方法。这种方法不需要向被调查者提问,而是凭调查人员的直接观察和使用测量工具,记录现场发生的事实和有关数据,调查人员可以使用表格、卡片、器材等工具进行记录。

2.实验法

实验法指实验者为了特定的研究目的,通过实验方案设计和具体实验而获取数据资料的一种方法。实验法不仅广泛适用于自然科学研究,而且适用于社会经济问题的研究。例如,新产品试销、试用、展销就是通过市场实验以获取必要的市场信息,以便改进产品设计。

三、数据的计量与类型

统计学是与数据打交道的一门学科,其任务是研究现象的数量特征和数量表现,进而揭示现象的规律性。如果将统计比喻成动物,则数据就是食物,离开了数据,统计也就不存在了。因此,在开展统计工作或统计研究之前,我们需要对数据有一个全面的认识。

(一)数据的计量

统计对象的可量性决定了在对社会经济现象的数量方面进行研究时,必须予以量化。根据抽象程度的不同,数据量化尺度大体分为以下几个层次:

1. 定类尺度

定类尺度,又称"类别尺度",就是将研究对象按某种特征划分成若干部分,并给每一类别定名,但不对类别之间的关系做任何假定。例如,在人口统计中按性别分为男、女两组,男、女之间是平等的、并列的,记录时还可以用数字作为代号,如男性为"0",女性为"1"。定类尺度是最粗略、精度最低的计量尺度,也是最基本的计量尺度。这种测定尺度和分组在实际统计活动中使用极为广泛,主要用于计算各组数值占总体数值的比重以及众数等,但不能对各类编号进行加减乘除计算。

2. 定序尺度

定序尺度,又称"顺序尺度",它是把各类事物按一定特征的大小、高低、强弱等顺序排列起来,构成定序数据。例如,将产品按其质量高低列成一等品、二等品、三等品;将学生的成绩排列为优、良、中、及格、不及格;等等。这种测定尺度的量度层次要比定类尺度高一些,它不仅可以分类,而且可以确定这些类别的顺序,各类之间还能比较等级和次序上的差别。在运算上,各类量值除了具有等与不等的特征外,还有大于或小于之分,但其序号仍不能进行加减乘除计算。

3. 定距尺度

定距尺度,又称"间隔尺度",是把定序排列的各类事物间的差距以一定的度量单位明确起来,构成定距的数据。定距尺度使用的计量单位一般为实物单位或价格单位,如考试成绩以分计量、长度以米计量等。定距尺度在统计数据中占据重要的地位,统计中的总量指标就是运用定距尺度计量的。在运算上,除了等于、不等于、大于、小于之外,还可进行加减运算,但不能进行乘除运算。

4.定比尺度

定比尺度,又称"比率尺度",是量度层次最高的数据测定尺度。它是在定距尺度的基础上增加了一个绝对零点,并抽象掉事物的度量差异的测定尺度。换言之,定距尺度中的"0"只表示某一个值,即0值;而定比尺度中的"0"是绝对零点,表示没有。例如,某人数学考试得0分,只能表示他的数学成绩是0分,不等于说他完全没有数学水平。但如说某人的身高为0米,则表示此人身高数据缺失。在运算上,定比尺度可以用于任何统计运算和比较。因此,许多统计的最终结果是以定比尺度给出的,定比尺度是广泛使用并值得推广的测定尺度。

上述四种计量尺度对事物的测量层次由低级到高级、由粗略到精确逐步递进。高层次的计量尺度可以具有低层次计量尺度的全部特性,但反过来并不成立。

在测定尺度的应用中,需要注意的是同类事物用不同的尺度量化会得到不同的尺度数据。如农民收入数据按实际值填写就是定距尺度;按高、中、低收入水平分就是定序尺度;按有无收入计量则成为定类尺度;而如果说某人的收入是另一人的两倍,则是定比尺度。又如,学生成绩若具体打分就是定距尺度;用优、良、中、及格、不及格划分就是定序尺度。一般因研究的目的和内容不同,计量尺度也会不同。若不担心损失信息量,就可降低度量的层次,从而实现它们间的转化。例如,性别在医学上若根据荷尔蒙的比例来区分的话,就是定距尺度;而性别分为男、女,则是定类尺度。

(二)数据的类型

1.按照数据的计量尺度分类

(1)分类数据

分类数据以定类尺度来衡量。分类数据是对事物进行分类的结果,数据的主要特征是采用文字、数字代码和其他符号对事物进行简单的分类和分组。

比如,对人口按性别、民族、行政区划和婚姻状况等作归类统计,对企业按照经济性质进行分类。使用分类数据时,各个类别的叫法只表明类别的名称,至于类别之间的关系,不作任何假定。类别之间没有高低优劣之分,也不能进行加减乘除运算。在实践中,为便于计算机识别和信息传输,对于分类性质的统计数据,人们往往会给每一个类别赋予相应的数字代码。

（2）顺序数据

顺序数据，也可称为"等级数据"，是对事物进行分类的结果，并表现出明显的等级或顺序关系。例如，学生的成绩可以分为优秀、良好、中等、及格和不及格；产品的质量可以分为优等品、合格品和不合格品；用户的满意程度可以分为很满意、满意、不满意和很不满意。顺序数据以定序尺度来衡量，只能比较大小，且类别之间有高低优劣之分，但不能进行加减乘除运算。

由于分类数据和顺序数据说明的都是事物的品质特征，通常用文字来表述，其结果均表现为类别，因此也把它们统称为"定性数据"或"品质数据"。

（3）数值型数据

数值型数据是使用自然或度量衡单位对事物进行测量的结果，说明的是现象的数量特征，其结果表现为具体的数值，因此也称为"定量数据"或"数量数据"。例如，考试成绩用百分制来表示，人的年龄用周岁来表示，产品的产量用件、箱和吨等来表示。各个数据之间不仅可以对比大小反映差别，还可以计算平均数。

2.按照数值表现形式分类

（1）绝对数

绝对数是统计数据的基本表现形式，是其他形式指标形成的基础。现象的总体规模和水平一般都以绝对数形式来表现，一个地区的总人口、国内生产总值、货物周转量等都是绝对数。绝对数的计量单位一般为实物单位或价值单位，有时也采用复合单位。

实物单位可以是自然计量单位，也可以是物理计量单位。例如，人口数用"人"计量，对于一些化工产品和燃料，还折合成标准实物单位计量。价值单位以货币形式进行计量，如国内生产总值、进出口总额等。复合计量单位是由两种或两种以上计量单位复合而成的，如以"吨·公里"为货物周转量的计量单位，以"千瓦·时"为用电量的计量单位。

（2）相对数

相对数是由两个相互联系的绝对数进行对比而得到，以反映事物的相对数量。常用的相对数包括：结构相对数、比例相对数、比较相对数、动态相对数、计划完成相对数、强度相对数。相对数的计量单位大部分是无名数，但也有一些是采用有名数为计量单位的。

（3）平均数

平均数反映现象总体的一般水平或分布的集中趋势。平均数是统计分析中最常用的指标之一。

四、统计数据的收集

统计数据收集是根据统计研究预定的目的和任务，运用相应的科学调查方法与手段，有计划、有组织地收集反映客观现实的统计资料的过程。统计数据收集是整个统计活动的基础阶段。准确性、及时性和完整性是统计数据收集的基本要求，其中准确性是统计数据收集的核心，及时性是统计数据信息价值的体现，完整性则是统计指标计算和统计分析的需要。

（一）统计数据来源

从统计数据本身的来源看，统计数据最初都是来源于直接调查或实验。但从使用者的角度看，统计数据主要来源于两种渠道：一是来源于直接调查或科学实验，这是统计数据的直接来源，被称为"第一手统计数据"或"直接统计数据"；二是来源于别人调查或实验的数据，这是统计数据的间接来源，也被称为"第二手统计数据"或"间接统计数据"。

1. 统计数据的直接来源

统计数据的直接来源主要有两个渠道：一是统计调查；二是实验。

统计调查就是按照预定的统计任务的要求，运用各种科学的统计调查方法，有组织、有计划地向社会收集反映总体各单位标志特征的原始数据资料的过程。统计调查有的是由统计部门进行的，也有的是由其他部门或机构为特定目的而进行的，如市场调查等。实验是取得自然科学数据的主要手段。本节着重讲授取得社会经济数据的主要方式和方法。

2. 统计数据的间接来源

对大多数数据使用者来说，亲自去做调查往往是不可能的。他们所使用的数据大多数是别人调查或科学实验的数据，对使用者来说称为"二手数据"。

二手数据主要是公开出版的或公开报道的数据，此外，调查人员还可以通过其他渠道使用一些尚未公开发布的统计数据,以及广泛分布于各种报纸、杂志、图书、广播、电视传媒中的各种数据资料。现在,随着计算机网络技术的发展,调查人员也可以在网络上获取所需的各种数据资料。利用二手数据对调查人员来说既经济又方便,但使用时应注意统计数据的含义、计算口径和计算方法,以避免误用或滥用。

(二)统计调查的组织方式

统计调查的组织方式是指组织收集调查数据的形式与方法。实际中常用的统计调查组织方式主要有统计报表、普查、抽样调查、重点调查和典型调查等,以下将对最常用的统计报表和普查做简要介绍。

1. 统计报表

统计报表是依照国家有关法规,自上而下地统一部署,按照统一的表式、统一的指标项目、统一的报送时间和报送程序,自下而上地、逐级地定期填报资料的一种调查组织方式。它的任务是经常地、定期地搜集反映国民经济和社会发展基本情况的资料,保证资料的全面性和连续性,为各级政府和有关部门制订国民经济和社会发展计划以及检查计划执行情况提供可靠的依据。

统计报表具有以下三个显著的优点:第一,它是根据国民经济和社会发展宏观管理的需要而周密设计的统计信息系统,从基层单位日常业务的原始记录和台账(即原始记录分门别类的系统积累和总结)到包含一系列登记项目和指标,都可以力求规范和完善,使调查资料具有可靠的基础,保证资料的统一性,便于在全国范围内汇总、综合。第二,它是依靠行政手段执行的报表制度,要求严格按照规定的时间和程序上报,因此具有100%的回收率;而且填报的项目和指标具有相对的稳定性,可以完整地积累形成时间序列资料,便于进行历史对比和社会经济发展变化规律的系统分析。第三,它既可以越级汇总,也可以层层上报、逐级汇总,以便满足各级管理部门对主管系统和区域统计资料的需要。

统计报表制度是一个庞大的组织系统,它不仅要求各基层单位有完善的原始记录、台账和内部报表等良好的基础,而且要有一支熟悉业务的专业队伍。因此,它占用很大的人力和财力。总结历史的经验教训,要很好地发挥统计报表制度的积极作用,必须严格按照统计法规办事,实行系统内的有效监督和管理;报表要力求精简,既要防止多发、乱发、滥发报表,又要防止虚报、瞒报和漏报。这样才能保证统计数字的质量,降低统计的社会成本。

统计报表类型多样,按报送时间分为日报、月报、季报和年报等;按报送受体可分为国家、部门、地方统计报表。

　2.普查

普查是根据特定的统计研究目的而专门组织的一次性的全面调查,用于收集所研究现象总体的全面资料。普查是一次性调查,是专门组织的全面调查,即普查主要用来调查属于一定时点上的现象总量。普查主要用来全面、系统地掌握重要的国情国力方面的统计资料。由于普查涉及面广,耗费人力、财力、物力多,组织工作繁重,因此只能按一定周期进行。

各个国家对普查都给予了充分的重视,有的国家甚至把普查看作仅次于战争的"运动"。西方国家几乎没有统计报表制度,所有全面的资料只能依靠普查来获得。美国有专门机构负责各类普查,并有专门的网页提供相关的信息与资料。

（1）普查的特点

普查是全面性调查,主要用来调查反映国情国力的基本状况。

普查是一次性调查,主要用来调查时点现象的资料,但也不排斥时期现象的资料。普查往往涉及面广,资料要求详细,需要耗费较多的人力、物力、财力和时间。

（2）普查的组织形式

普查的组织形式主要有两种:一是组织专门的普查机构,配备一定数量的普查人员,对调查单位直接进行登记;二是利用被调查单位的原始记录和核算资料,由调查单位发放一定的调查表格,由被调查单位填报。

（3）普查的原则

为了取得准确的统计资料,保证普查工作的顺利进行,应遵循以下原则:

①规定统一的标准时间

如果要收集的是时点数据资料,则必须规定一个标准时间,以避免由于现象的时空变动而使调查资料出现重复或遗漏。

②尽可能在短期内完成登记工作

普查工作在规定的调查范围内要同时进行,并尽可能在最短的时间内完成,以便在方法和步骤上保持一致,从而减少误差。普查应尽可能按一定的周期进行,以便在历史普查资料对比中研究现象发展变化的规律和趋势。

③统一规定调查项目

在时间上,性质相同的普查,各次调查项目要尽可能保持相对稳定,以便对历次调查资料进行比较和分析。

3.抽样调查

抽样调查是一种非全面调查,它是在全部调查单位中抽取一部分单位作为样本来进行调查,再根据调查结果推断总体的一种调查方法。广义的抽样调查包括随机抽样与非随机抽样。

非随机抽样是一种按照人们主观愿望选取样本的方法,如下面提到的重点调查和典型调查,这种调查方式也称为"有目的的调查""判断调查"和"定额调查"。其目的是通过了解一部分个体的情况而获取全面的信息。但由于非随机抽样无法估计误差发生的概率,所以也就无法作统计推断。

一般提到的"抽样调查"主要是指随机抽样,其基本特征有两点:一是样本单位按随机原则抽取,这就排除了主观因素对样本选择的影响;二是对所抽得的样本进行调查得到相关数据能够用于推断总体特征。接下来介绍的内容主要围绕概率抽样来进行。

(1) 抽样调查的分类

抽样调查主要分为以下四种:

①简单随机抽样

简单随机抽样又叫"纯随机抽样",这是最简单、最普遍的抽样组织方法。它是按照随机性原则,直接从总体的全部单位中抽取若干个单位作为样本单位,从而保证总体中每个单位在抽选中都有同等被抽中的机会。随机抽选样本单位的具体做法有:抽签法、随机数字表法和用计算机软件中的随机函数产生随机数法。

②分层抽样

分层抽样又叫"类型抽样"。它是将总体按照某一标志分为若干层,然后按照简单随机抽样的方式在每层抽取部分个体作为层内样本,再利用各层样本集合的结果去估计或推断各层及总体数量特征。分层抽样的特点是必须具备总体所有个体的名录以及至少一个分层标志的全面资料,各层的抽样相互独立,样本对总体的代表性取决于层内差异,与层间差异无关,因此分层时要注意选择合适的指标。

由于各个类型组的单位数一般是不相等的,所以从各个类型组中抽取多少样本单位有两种不同的确定方法。一种是按各组标志值变动的大小来确定,没有规定统一的抽样比例;另一种是按比例抽样,即保持每组样本单位数与样本容量之比等于各组总体单位数与全部总体单位数之比。

③系统抽样

系统抽样又叫"等距抽样"或"机械抽样"。这种抽样方法是先把总体所有单位按某一标志排队，并根据总体单位数与样本单位数的比例计算出抽样距离和间隔，随机确定一个起始点作为第一个样本单位，之后每隔相等的距离和间隔抽取样本单位。

对总体单位排队时所采用的标志，可以是与调查项目有关的，也可以是与调查项目无关的，前者称为"有关标志排队法"，后者称为"无关标志排队法"。例如，对某校学生学习情况进行调查，按身高排队就是无关标志排队，按考试分数排队就是有关标志排队。按无关标志排队的系统抽样，其抽样平均误差与简单随机抽样十分接近，一般都采用简单随机抽样的平均抽样误差公式代替计算。而采用有关标志排队时，其抽样平均误差一般要小于简单随机抽样的平均误差。

在实际进行抽样时必须注意到，系统抽样在排定顺序且第一个样本单位的位置确定后，其余单位的位置也就随之确定。因此，要避免抽样间隔和现象本身的周期性节奏相重合而引起系统性影响。如工业产品质量抽查，产品抽查时间间隔不宜和上下班时间一致，以防止发生系统性偏差。

④整群抽样

整群抽样也称"集团抽样"。这种抽样方式是将总体单位划分为若干个群（组），然后以群（组）为单位从中随机抽取部分群（组），对抽中的群（组）内所有单位进行全面调查的抽样组织形式。如调查某县小学的教育情况，我们可以从该县中随机抽取若干个小学，然后对抽中的小学进行全面调查。整群抽样的特点是群的形成可以是自然的也可以是人为的，可以大小相同也可以大小有别，要尽量把总体差异转化为群内差异。

（2）抽样调查的特点

按照随机原则选取调查单位。所谓"随机原则"是指抽选被调查单位时，不受任何主观因素的影响，客观地使总体中每一个单位都有相同的中选或不中选的可能性，以保证入选单位的代表性。

抽样调查的目的在于根据部分单位的实际资料对总体的数量特征做出估计（即根据样本指标来推断总体指标）。抽样调查的结果存在抽样误差，但此误差可以事先计算出来，并可以控制在一定的范围内，它是运用概率进行估计的方法。

（3）抽样调查的优越性

抽样调查方法与其他形式的统计调查方法相比具有明显的优越性，我们可以从统计调查的成果以及所付出的代价两方面来分析。普查和全面统计报表都是全面调查，可以得到对总体数量特征的全面认识,但是调查组织工作难度很大,所付出的代价也很大。重点调查和典型调查都是非全面调查,组织调查工作相对容易,所付出的代价较小,但是难以达到对总体数量特征的具体认识。只有抽样调查既具有组织调查工作比较简易的好处,又能达到认识总体数量特征的目的。其优越性可以归纳为以下四个方面:

①经济性

由于抽样调查的调查单位数目少,调查范围比较集中,调查的工作量大大减轻,从而可以节省人力、财力、物力。

②时效性

抽样调查组织专业队伍深入现场直接取样,从而减少了中间环节,并且调查单位少,提高了调查的时效性,可以满足领导决策和经济管理的需要。

③准确性

由于抽样调查是按照随机原则选取调查单位,排除了主观因素的影响,使样本具有较高的代表性,并且抽样误差可以通过科学方法加以控制,调查结果比较准确可靠。

④灵活性

抽样调查的组织活动方便灵活,调查项目可多可少,调查范围可大可小,既适用于专题研究,也适用于经常性调查。

(4)抽样调查的作用

对于不可能或不必要进行全面调查的场合,抽样调查具有其独特的作用。如:产品的破坏性检验、农产量抽样调查、城市职工家计调查等。抽样调查和全面调查相结合,可以验证、补充和修正全面调查的资料、数据。如:人口普查前后进行的人口抽样调查。

利用抽样调查方法可以进行生产过程的质量控制,抽样调查方法可以用来检验总体特征的某些假设,判断假设的真伪,为行动决策提供依据。

4.重点调查

(1)重点调查的概念

重点调查是指在调查对象中,选择一部分重点调查单位收集统计资料的一种非全面调查。所谓"重点调查单位"是指在这些被调查的总体单位中数目不多,所占比重不大,但其调查的标志值却在总量中占有很大比重,在总体中具有举足轻重作用的单位。通过对这部分重点单位进行调查,可以从数量上说明总体在该标志总量方面的基本情况。当调查任务只要求掌握基本情况,而部分单位又能比较集中地反映所要研究的问题时,采用重点调查较为适宜。比如,对钢铁行业的调查,由于大型的钢铁企业为数不多，但产出量却很大，因而可以通过对这些少数大型企业的调查，来掌握整个行业的大致情况。

（2）重点调查的特点

①选择重点单位进行调查

重点单位通常具备如下条件：一是这部分单位数占总体单位数要很小；二是在调查标志值方面，这部分单位的标志值总量要占总体标志值总量的绝大比重。

②调查的目的是反映总体的基本情况

重点调查既可以用于经常性调查，也可以用于一次性调查。当只要求掌握调查对象的基本情况，而在总体中确实存在重点单位时，进行重点调查是适宜的。但由于重点单位与一般单位差异较大，所以重点单位的调查资料是不宜用来推算总体的。

5.典型调查

（1）典型调查的概念

典型调查是指根据调查的目的与要求，在对研究现象进行全面分析的基础上，有意识地选择典型单位进行深入细致的调查，以便认识事物的本质与发展变化规律的一种非全面调查方法。所谓"典型单位"是指那些能充分、集中地体现调查对象总体的共性特征的有代表性的单位。

（2）典型调查的目的和特点

典型调查是有意识地选择典型单位进行调查；调查目的是认识事物的本质和一般规律；在某种场合也可以从数量上推断总体，但不能计算、推断误差。

（3）典型调查的方式

①"解剖麻雀"式调查

"解剖麻雀"式调查在调查对象总体各单位之间的差异较小时适用。这时，只选择个别典型单位进行深入细致的调查，以找出同类事物的一般情况及其发展变化规律。

②"划类选典"式调查

"划类选典"式调查在调查对象总体各单位之间的差异较大时适用。这时，先对调查对象总体进行分类，然后从各类中选择少数具有代表性的典型单位进行深入细致的调查，找出事物的发展规律并以此对调查对象总体进行推断估计。

（4）典型单位的选择

典型调查的关键是典型单位的选择，我们应根据具体的调查目的选择典型单位。

如果是为了近似地估算总体的数值，那么可以在了解总体大致情况的基础上，把总体分成若干类型，按每一类型在总体中所占比例，选出若干典型单位。如果是为了了解总体的一般数量表现，那么可以选择中等水平的典型单位进行调查。如果是为了研究成功的经验或失败的教训，则可以选择先进典型和后进典型，或选择上、中、下各类典型，将其进行比较，最后确定几个典型单位。

以上各种调查方法各有其特点和适用范围，在实际工作中要将多种调查方法结合运用，从而形成统计调查方法体系。这是因为：第一，各种调查方法各有其特点和适用场合，但它们彼此间并不互相排斥；第二，客观现象的复杂性决定了必须用多种调查方法才能取得所需的资料；第三，各种方法的局限性也决定了只有将多种调查方法相结合才能互相弥补各自的缺陷。

五、统计调查的种类

按照不同的分类标准，统计调查可以分为以下种类：

（一）全面调查和非全面调查

按照调查对象包括的范围，统计调查可分为全面调查和非全面调查。全面调查是指对调查对象中的全部单位，无一例外地都进行调查登记或观察（如普查和全面统计报表）。非全面调查是指对调查对象中的一部分单位进行调查登记或观察（如重点调查、典型调查、抽样调查等）。

（二）经常性调查和一次性调查

按照调查登记的时间是否连续，统计调查可以分为经常性调查和一次性调查。经常性调查是指随着研究对象的不断变化，而连续不断地进行登记或观察，以反映事物在一定时期内的全部发展过程。一次性调查是指对被调查对象在某一时点上的状况进行一次性的登记，以反映事物在一定时点上的发展水平。

（三）统计报表和专门调查

按照调查的组织方式，统计调查可以分为统计报表和专门调查。统计报表是依据国家法律，按照统一的规定、表式、上报时间、上报内容、计算方法和上报程序，由基层单位自下而上逐级向上级和国家定期提供统计资料的一种报告制度。专门调查是根据研究目的专门组织的调查（如普查、重点调查、典型调查、抽样调查等）。

（四）自填式方法、人员面访、电话访问、直接观察法、电子数据报告、行政数据和卫星遥感法

统计调查按照搜集资料的方法，可分为自填式方法、人员面访、电话访问、直接观察法、电子数据报告、行政数据、卫星遥感法等。

1. 自填式方法

自填式方法是指被调查者在没有访（问）员协助的情况下完成问卷。

2. 人员面访

人员面访是指调查人员协助被调查者完成问卷，访问以面对面的形式进行。

3. 电话访问

电话访问是调查人员通过电话协助被调查者完成问卷。

4. 直接观察法

直接观察法指调查人员亲临现场对调查单位的调查项目进行直接清点、测量、计量，以取得相关资料的一种调查方法。

5. 电子数据报告

电子数据报告指被调查者以他们自己的方式提供电子数据，这也是一种自填式数据搜集方法的形式。

6. 行政数据

行政数据指从其他政府部门或组织的行政记录中搜集的信息。

7. 卫星遥感法

卫星遥感法是一种使用卫星高度分辨辐射来取得资料的调查方法。

除此之外，统计数据还有两种搜集模式，即纸张式数据搜集模式和计算机辅助式搜集模式。纸张式数据搜集模式是将问卷印在纸上，被调查者或访（问）员用笔记录答案。数据录入是数据搜集后的一个单独过程。对于一次性调查来说，纸张式方法通常比计算

机辅助式方法更简单、实惠，且开发所需时间也少。在计算机辅助式搜集模式中，问卷出现在计算机屏幕上，被调查者或访（问）员将答案通过键盘输入计算机中，其数据收集比纸张式方法更完整、快速和有效。

六、统计调查误差

统计调查误差是指调查结果所得到的统计数字与调查总体实际数量表现的差别。统计调查误差包括登记性误差和代表性误差。

（一）登记性误差

登记性误差又称"调查误差"，它是在调查过程中各个环节上造成的误差，有计算错误、记录错误、计量错误、抄录错误、汇总错误、计算机输入误差等以及被调查者不愿或难以提供真实情况的误差，有时还存在调查人员弄虚作假的误差和各种人为因素干扰的误差。这种误差在所有的调查中都会产生，并且一般情况下，调查范围越广越大，观测的个体越多，产生误差的可能性越大。此类误差在理论上讲是可以避免的。

（二）代表性误差

代表性误差指由于不同的随机样本的选取所造成的误差，它又分为系统性误差和抽样误差两种。系统性误差又称为"偏差"，是由于从总体中抽取调查单位时违反随机原则而造成的误差。抽样误差是偶然性的代表性误差，它指在抽样调查中，即使严格按照随机原则抽取调查单位，也不可避免的误差，这是由于抽样中的不同随机样本造成的。

第二节　统计数据的整理

数据整理指根据统计研究的任务和要求，对调查收集到的原始数据资料进行科学的综合与加工，使之系统化、条理化和综合化，并以图表的形式显示，从而得出反映总体特征的综合资料。通过统计调查或从现成的调查中获取的统计数据,只是一些个别单位分散的、不系统的原始数据,所反映的问题常常是事物的表面现象,不能深刻揭示事物的本质,更不能从量的方面反映事物发展变化的规律性。只有根据统计研究的目的,运用科学的方法,对数据进行加工整理,同时用图表形式将数据展示出来,才能发现经济社会现象的数量规律性,以便于我们能进一步理解和分析。

统计数据整理的程序一般包括以下几个部分:第一,统计数据的预处理,即对分散的原始数据进行审核和汇总。第二,统计数据的分组,即对预处理后的原始数据,按其性质和特点,进行分组归类,对统计分组后的资料进行汇总和计算,计算出各组指标或综合指标。统计分组是统计整理的中心工作。第三,编制统计表或绘制统计图,按照一定的格式将分组汇总后的统计结果用统计表或统计图的形式描述出来,使事物的总体数量特征更加突出。

数据整理是对统计数据进行加工处理的过程,具体来讲就是根据统计研究的目的和要求,对收集到的数据进行科学的分类、汇总和显示,使之成为系统化、条理化、直观生动的数据资料,以反映总体现象的数量分布特征与规律的统计工作过程。

数据整理的全过程包括对数据资料的审核、分组、汇总,编制频数分布表以及绘制统计图等几个主要环节,由此构成了数据整理的主要内容。数据整理的步骤如下:

一、数据审核

数据审核的主要任务是确保所采集的数据的完整性和准确性。对于数据准确性的审核方法有逻辑审核和计算审核。前者从理论和常识上查看每个个体的各项数据间对应关系是否合理,后者通过计算查看每个个体的各项数据间是否符合应有的勾稽关系。对于不完整的问卷和存在不准确问题的问卷,应及早退回订正。如果已经不能再退回订正,只好采取变通办法加以填补和修正。所用的方法涉及后面要阐述的算术平均数、中位数和众数,还可能用到回归和相关方法。

对于次级数据,除了审核其完整性和准确性外,还应审核其时效性和适用性。对于多种来源的次级数据,要注意它们在指标含义、所属时间和空间范围、计算方法和分组标准等诸方面是否一致。

二、数据整理

数据在经过审核后,确认适于我们的实际需要了,便可以做进一步的加工整理。在统计中,不同类型的数据所采取的整理方式是不同的。对品质型数据主要是做分类整理,对数值型数据则主要是做分组整理。

(一)品质型数据的整理

对于品质型数据的整理,要按品质型数据的类别将总体划分为若干个组(类),然后将每一个单位按其表现归入其中一组(类),还要计算出每一类别的频数、频率,同时编制频数分布表,以便对数据及其特征有一个初步的了解。

具体步骤是:第一步,列出各类别;第二步,计算各类别的频数、频率;第三步,编制频数分布表。相关概念介绍如下:

1. 类别

由于品质型数据是用文字来表现的,每种表现即为一种类别,因此对于品质数据的分组通常是按其表现分类。分类有简单分类和复杂分类两种情况。关于简单分类,可依据常识列出类别,例如人口性别表现为"男"和"女",文化程度表现为"初中及以下""高中""大专"……关于复杂分类,例如我国的国民经济部门分类、国际贸易的商品分类等,则须参照权威机构的标准列出各类别。

2. 频数、频率与频数分布

频数,也称次数,是指落在各类别中的数据个数。

频率,也称比重,是指各类别中的数据个数占全部数据总数的比例,通常用百分数表示。

频数分布,也称次数分布,是各个类别及其相应的频数的对应排列。将频数分布用表格的形式表现出来就是频数分布表。

(二)数值型数据的整理

1. 单项式分组

单项式分组是作为分组的数量标志的每一个具体标志值都列为一个组的分组方法。例如,如果学生的成绩以五分制计算,则全体学生的成绩可分为六组,即 5、4、3、2、

1、0。

单项式分组的特点是：每个组只用一个标志值来表示；组数的多少由分组标志值的个数决定。

单项式分组适用的条件是：分组的标志值个数少；只能对离散型变量进行分组，因为其变量值可以一一列举。

2.组距式分组

组距式分组就是将全部变量值依次划分为若干个区间，并将这一区间的变量值作为一组。在组距式分组中，一个组的最小值称为下限，最大值称为上限。组距式分组适用于连续型变量，或虽为离散型变量但取值很多，不便一一列举分组的情况。

在组距式分组中，如果各组的组距相等则称为等距分组，如对学生成绩的分组，可分为40～60分、60～80分、80～100分等，就是等距分组。有时，对于某些特殊现象或为了特定研究的需要，各组的组距也可以是不相等的，称为不等距分组。比如，对人口年龄的分组，可根据人口成长的生理特点分成0～6岁（婴幼儿组）、7～17岁（少年儿童组）、18～59岁（中青年组）、60岁以上（老年组）等，则属于不等距分组。

3.组距式分组与频数分布

单项式分组方法简便、易于操作，但实际应用情况并不多，相比较而言，组距式分组方法较为复杂。

一是对数据进行排序，找出最大值与最小值，计算全距。全距即全部数据中的最大值与最小值之差。

二是确定组数、组距和组限。组数的多少主要取决于数据分布的特点。对总体进行质别分组时，其组数的确定主要取决于统计研究的任务和事物本身的特点。有时，事物的属性就已决定了组数。单项式分组的组数也往往是由分组数量标志可能出现的标志值决定的。组距式分组的组数自然也要取决于统计研究的目的和事物分布的特点，如果组数过少，很容易把不同性质的单位归到同一个组内，失去区别事物的界限，达不到正确反映客观事物的目的；如果组数过多，必然会造成总体单位分布分散，同时还有可能把属于同类的单位归到不同的组中，不能真实反映出事物的本质特点和规律性。因此，必须恰当地确定组数。组数的多少，关键是要根据具体资料来确定。

组距是一个组的上限与下限的差，一般由全距和组数来决定。组距=全距÷组数，它表明在全距一定的情况下，组距与组数成反比，即组数越多组距越小。为了编表和计算方便，也是审美习惯使然，组距通常取整数，且多取5或10的倍数。

组限是一组两边的数值,也是各组数据变化的范围。当组数、组距确定之后,只需划定各组的数量界限即可。组限是一个组两端的数值,其中数值小的叫下限,数值大的叫上限。由于变量有离散型与连续型之分,因此其组限的划分也有所不同。离散型变量可以一一列举,而且相邻两个整数之间不可能有其他标志值,因此各组的上下限都可以用确定的数值表示。这种分组,如以 a 代表下限,以 b 代表上限的话,其实际区间为 $[a, b]$。连续型变量在两数之间可能有很多数值,不能一一列举,因此相邻两组的界限无法用确定的数值表示。在这种情况下,往往把前一组的上限与后一组的下限重叠起来。如把工人的月工资分为 100~110,110~120……一般地,把重叠的数值归属于后一组的下限,即 110 元归属于 110~120 一组。这种分组,其实际区间为 $[a, b)$。在确定组限时,不能将不同性质的数据划归到一个组内,例如,学生考试成绩中 60 分是及格与否的分界线,切不能采取 55~65 分的分组方式,以利于区分各组的性质。

三是根据分组整理成频数分布表。

4.数值型数据的累积频数或累积频率分布

在我们进行统计分析时,经常需要观察某一数值以下或某一数值以上的频数或频率共为多少,这时可以计算累积频数或累积频率。

累积频数就是将各组的频数逐级累加起来。其方法有两种:一是从变量值小的一组向变量值大的一组累加频数,称为向上累积,此时每组的累计频数表示本组及以下(低级组)各组的频数共为多少;二是从变量值大的一组向变量值小的一组累加频数,称为向下累积,此时每组的累计频数表示本组及以上(高级组)各组的频数共为多少。

累积频率或累计百分比就是将各组的百分比逐级累加起来,它也有向上累积和向下累积两种方法。

三、统计数据的预处理

统计数据的预处理是统计数据整理的先前步骤,它是在对数据进行分类或分组之前所做的必要处理,内容包括统计数据的审核、汇总、预加工处理及统计分组等。

(一)统计数据的审核

统计数据的审核是保证统计数据整理质量的重要手段,为进一步的数据整理与分析打下坚实基础。从不同渠道取得的统计数据，在审核的内容和方法上都有所不同。对于通过直接调查取得的原始数据，主要从数据的完整性和准确性两个方面去审核；对于通过其他渠道取得的二手数据，除了要对其完整性和准确性进行审核，还需要着重审核数据的适用性和时效性。

　　1.数据的完整性审核

　　完整性审核主要是审核所有调查项目和指标是否填写齐全、调查单位是否有遗漏。即检查是否有单位无回答或项目无回答。对于直接调查取得的原始数据，应该查看调查问卷或调查表项目是否填写完整，如果有太多空白，便要询问调查人员到底是其疏忽所致还是调查对象不能回答或不愿意回答，即刻进行空白填补工作。对于二手数据，要看其调查项目是否完备（或者说是否符合我们的研究分析需要），是否存在很多缺失值。

　　2.数据的准确性审核

　　准确性审核是检查所填报的资料是否准确可靠。常用的审核方法有两种：

　　（1）逻辑检查

　　首先，检查数据是否真实地反映了客观实际情况，内容是否符合实际；其次，审核数据是否符合逻辑，内容是否合理，各项目或数字之间有无互相矛盾的现象。

　　（2）计算检查

　　主要检查各项指标的计算口径、计量单位是否符合规定，并通过各种计算方法来检查各指标间的数字是否相互衔接。

　　3.数据的适用性和时效性审核

　　二手数据可以来自多种渠道，有些数据可能是为了特定目的而通过专门调查取得的，或者是已经按照特定目的的需要作了加工整理。作为使用者来说，首先应弄清楚数据的来源、数据的口径以及有关的背景材料，以便确定这些数据是否符合自己分析研究的需要，是否需要重新加工整理等，不能盲目地生搬硬套。

　　此外，还要对数据的时效性进行审核。对于有些时效性较强的问题，如果所取得的数据过于滞后，则可能会失去研究的意义，一般需要使用最新的统计数据。数据在经过审核后，确认适合于我们的实际需要，才有必要对其做进一步的加工整理。

　　（二）统计数据的汇总

　　统计数据的汇总主要是针对直接调查取得的原始数据。通过统计调查搜集的原始数据，其中很大部分是以问卷或调查表格形式存在，这些数据往往分散、不系统，不易表现出总体的数量特征。通过将问卷或调查表格记录的各单位信息汇总成一个更大的数据表，作为进一步整理的基础。选择恰当的汇总技术，对提高汇总速度和保证汇总质量具有重要意义。

统计数据汇总的技术主要有两种，即手工汇总和电子计算机汇总。

1. 手工汇总

手工汇总就是用算盘和小型计算器进行汇总。采用这种汇总技术的方法有划记法、过录法、折叠法、卡片法。手工汇总适合于总体单位数量和调查项目较少的调查研究，在总体单位数量和调查项目较多的调查研究中，手工汇总不仅花费的时间会很长，而且容易出错。

2. 电子计算机汇总

电子计算机的运用大大提高了数据汇总的速度和精确度，目前其已成为我国统计工作的重要工具。电子计算机汇总活动大体分为以下几个步骤：第一，选择统计软件，目前比较常用的是 Excel、SPSS、SAS 等。第二，设置变量。第三，将问卷或调查表的数据录入。第四，逻辑检查。第五，保存为数据表。

（三）数据的预加工处理

将数据录入计算机形成电子文档后，通常还需要对收集到的数据做进一步的预加工处理，以保证数据被清洗干净，这是数据分析过程中不可缺少的一个关键步骤。而且，随着数据分析的不断深入，对数据的加工处理还会多次反复，实现数据加工和数据分析的螺旋上升过程。

1. 统计数据的筛选

数据筛选主要包括两个方面的内容：一是将某些不符合要求的数据或有明显错误的数据剔除了；二是将符合某种特定条件的数据筛选出来。

2. 数据排序

对于分类数据，如果是字母型数据，排序有升序、降序之分，但习惯上用升序；如果是汉字型数据，排序方式很多，与分析的目的有关系。对于数值型数据，排序只有两种，即递增和递减。

3. 缺失值处理

缺失值处理主要包括两种路径：一是直接删除含有缺失值数据的样本；二是用合理的替代值替换缺失值。

4.变量计算

在原有数据的基础上,根据实际分析的需要,计算产生一些具有新含义的变量,或者对数据的原有分布进行转换等。

(四)统计分组

1.统计分组的概念和作用

统计分组是指根据统计研究目的和要求以及总体的内在差异,按照某一分组标志(或几个分组变量)将总体区分为若干性质不同又有联系的几个部分。构成总体的各个总体单位之间既具有共性又有差异,统计分组操作的目的就是将那些具有某个或某几个相同性质的总体单位归结在一起,而将不同性质的现象分开,即经过分组的资料,组内具有同质性,组间具有差异性。因此,统计分组的实质是在现象总体内进行的一种分类,揭示总体内在的数量结构以及总体之间的数量依存关系。

从分组的性质来看,分组兼有分和合的双重含义。对于现象总体而言,是"分",即把总体分为性质相异的若干部分;而对于总体单位而言,又是"合",即把性质相同的许多单位结合为一组。对于分组标志而言,是"分",即按分组标志将不同的标志表现分为若干组;而对于其他标志而言,是"合",即在一个组内的各单位,即使其他标志表现不相同,也只能结合在一组。由此可见,选择一种分组方法,突出了一种差异,显示了一种矛盾,必然同时掩盖了其他差异,忽略了其他矛盾。不同的分组方法,可能得出不同的结论。因此,统计分组必须先对所研究现象的本质做全面的、深刻的分析,确定所研究现象类型的属性及其内部差别,而后才能选择反映事物本质的正确分组标志。

统计分组在统计研究中的重要作用主要表现为以下三个方面:

(1)划分现象的类型

社会经济现象存在着复杂多样的类型,不同的类型有着不同的特点及发展规律。在整理大量的统计资料时,有必要运用统计分组方法将所研究的现象总体划分为不同的类型组来进行研究。例如,国民经济按产业分组,第一产业农业分成农、林、牧、渔业各组;第二产业分成工业和建筑业;第三产业服务业分成批发和零售业,交通运输、仓储和邮政业,住宿和餐饮业,金融业,房地产业等。

(2)揭示现象内部结构

在划分类别的基础上,将总体各单位连同其标志值分别归入所属的类型组中,汇总各组单位数和标志总量,计算各分组单位数或指标数值占总体单位总数或标志总量的比重,就可以揭示总体内部的构成,表明部分与总体、部分与部分之间的关系。

(3) 分析现象之间的依存关系

一切社会经济现象都是相互联系、相互依存、相互制约而不是孤立存在的。但是,这种相互依存和制约关系的方向和程度却难以直接观察,通过统计分组可以揭示这种关系及其在数量上的表现。

2.分组标志的选择

统计分组可以按照不同的标志来进行,分组的标志是划分数据的标准和依据。分组标志的选择是否得当,关系到能否正确地反映总体的数量特征及其变化规律。

(1) 正确选择分组标志需考虑的因素

正确选择分组标志,需要考虑以下几点:一是根据研究问题的目的来选择。每个研究对象都有许多特征或属性,分组标志选择不恰当,分组的结果就不能反映总体的性质特征,也就不能达到我们所要研究的目的。二是结合现象所处的具体环境和条件来选择。社会经济现象会随着时间、地点、条件的变化而变化,历史条件不同,事物的特征也会有所变化。分组标志的选择绝对不是一个单纯的技术性问题,而是需要研究者对研究目的、研究对象的特征有比较好的把握。

(2) 统计分组遵守的原则

统计分组必须遵守穷尽和互斥两个原则。穷尽原则就是要求总体中的每个单位都应该有组可依,或者说各分组的空间足以容纳总体所有的单位。互斥原则就是在特定的分组标志下,总体中的任何一个单位只能归属于某一组,而不能同时或可能归属于几个组。

只有遵循以上两个原则才能使得每个总体单位有且只有某一个组可以归属。

3.统计分组的种类

(1) 按分组标志的多少,可分为简单分组与复合分组

简单分组是按照一个标志来分组,只反映总体某一方面的分布状况和内在结构。

复合分组是对同一总体选择两个或两个以上标志层叠起来进行分组,即先按第一个标志进行分组,各组再按第二个标志分成小组,各小组继续按第三个标志分成更小的组,如此下去,直至完成所有标志的分组,形成复合分组体系。

(2) 按分组标志的性质,可以分为品质分组与数量分组

品质分组也叫属性分组,是指按某一个或某几个标志进行分组,并在品质标志变异

的范围内，划定各组的性质界限，根据每个个体的标志表现将其分别归入不同的组中。品质分组比较简单，分组标志一经确定，一个品质标志表现即为一组，组的名称和组数也随之确定。例如按照性别对班级学生进行划分。

　　数量分组也叫变量分组，是指按某一个或某几个数量标志进行分组，并在数量标志变异的范围内，划定各组的数量界限，根据每个个体的标志表现将其分别归入不同的组中。数量分组是反映总体内部数量差异的重要方法，并能够通过组间数量差异体现出性质不同。

第三节　统计数据分布特征的综合分析

　　对总体数据特征的概括，除采用频数整理方法之外，还可以利用一些概括性指标（即统计测度值）进行描述。统计中对数据进行概括性描述主要从四个方面着手，即测定数据分布的集中趋势、离散程度、偏度和峰度。本节主要介绍对统计数据分布特征的各种描述性测度值。

一、集中趋势分析

　　集中趋势指标分为平均数、中位数和众数。它们从不同的角度体现了变量数列的集中趋势。频数分布的平均数，即指算术平均数。但是统计分析用的平均数，除算术平均数外，还有调和平均数和几何平均数，它们各有其独特的用途。

（一）算术平均数

　　算术平均数，简称平均数，是以变量数列中观察值之和除以数列项数所得之商。从总量指标的角度看，平均数依下列公式派生所得

$$算术平均数 = \frac{总体标志总量}{总体单位总量}$$

(2-1)

根据算术平均数的定义，可以写出其公式如下

$$\bar{x} = \frac{x_1 + x_2 + \cdots + x_n}{n} = \sum_{i=1}^{n} x_i / n$$

(2-2)

还可以简写成

$$\bar{x} = \frac{\sum x}{n}$$

(2-3)

式中：$\bar{x}$——算术平均数；

$x_i(x)$——数列中各观察值；

n——数列中观察值项数；

$\sum$——求和符号。

对于组距数列，我们无法用加法求得每组实际观察值之和，因为原始数据在分组整理时已经消失了。只能假定每组内的数据是均匀地分布在组内，然后用组中值作为它们的代表值去估算整个频数分布数列的平均数，于是使用了乘法，各组观察值之和＝组中值×组频数。计算频数分布数列的平均数，通常不列算术横式，而是在统计计算表中进行。

算术平均数有如下特点：

观察值相对于算术平均数的偏差之和等于0。即

$$\sum (x - \bar{x}) = 0$$

(2-4)

在观察值与任一数值差距之平方和中，以观察值与算术平均数差距之平方和为最小。即

$$\sum(x-\bar{x})^2 < \sum(x-x_0)^2$$

（2-5）

式中：x_0——不等于 $\bar{x}$ 的任一数值。

在求变量数列的平均数时，往往不仅要考虑到各变量值本身的大小，还要考虑到各变量值的重要程度的不同，于是将各变量值分别乘以代表该变量值重要程度的权数，然后用此乘积之和除以权数之和，所得之商即称为加权算术平均数，简称加权平均数。公式为

$$\bar{x} = \frac{\sum ux}{\sum w}$$

（2-6）

式中：$\bar{x}$——加权算术平均数；

　　　x——待平均的变量值；

　　　w——对应于各变量值的权数。

作为加权平均数的变量可以是总量指标，也可以是相对指标，只要它与待平均的变量存在着衡量其权重的关系即可。

至此，我们可以知道：作为求频数分布数列平均数的公式，只是一般加权算术平均数公式的具体化形式，将式（2-6）中的一般权数 w 换成频数 f 这一特殊权数，即成为式（2-3）。

权数既然可以是相对指标，式（2-3）就有了它的变形

$$\bar{x} = \frac{\sum fx}{\sum f} = \sum \frac{f}{\sum f} x$$

（2-7）

此式为根据相对频数求频数分布数列算术平均数的公式。

（二）调和平均数

调和平均数是各个变量值倒数的算术平均数的倒数，又称倒数平均数，用 H 表示，调和平均数也分简单调均与加权调均两种，计算公式为

简单调均：$H = \dfrac{n}{\sum \dfrac{1}{x}}$（未分组资料）；

加权调均：$H = \dfrac{\sum m}{\sum \dfrac{m}{x}}$（分组资料）。

式中：n——变量值项数；

m——调均的权数。

（三）几何平均数

几何平均数是 n 个变量连乘积的 n 次方根，用 G 表示，几何平均数也有简单几何平均数与加权几何平均数之分，计算公式为

简单几何平均数：$G = \sqrt[n]{\prod x}$（未分组资料）；

加权几何平均数：$G = \sqrt[\sum f]{\prod x^f}$（分组资料）。

式中：n——变量值项数；

f——几均的权数。

计算几何平均数时，由于变量值个数较多，需要开多次方，为了计算上的方便，我们通常利用对数进行计算。对于简单几何平均数，有

$$\lg G = \frac{1}{n}\sum \lg x$$

（2-8）

对于加权几何平均数，有

$$\lg G = \frac{\sum f \lg x}{\sum f}$$

（2-9）

即几何平均数是变量值对数的算数平均数的反对数。

（四）算术平均数、调和平均数与几何平均数之间的关系

首先，算术平均数、调和平均数与几何平均数，虽然都能描述变量数列的一般水平，

但是它们各应用于不同场合，通常只使用三者之一作为某一变量数列的一般水平。

其次，算术平均数是最基本的平均数，其余两种平均数都包含了算术平均方法的运用：调和平均数是变量值倒数的算术平均数的倒数，而几何平均数是变量值对数的算术平均数的反对数。

再次，若对一变量数列求得三种平均数，则三者的如下关系成立

$$\bar{x} \geqslant G \geqslant H$$

(2-10)

其中，等号仅当所有数据都相等时成立。

二、离散程度分析

（一）全距

全距是数据中最大值与最小值之差，又称"极差"，其计算公式为

$$R = 最大标志值 - 最小标志值$$

(2-11)

对于未分组数据，计算全距时，应首先将所有数据按大小排序，然后用最大值减去最小值即可；数据经过分组后，一般用变量数列表示其结果，单项式数列用最后一组变量值减去第一组变量值即可。

组距式数列的全距只能近似计算，而且要求所有组必须都是闭口组。计算时用最后一组上限减去第一组下限即可。

全距说明了数据的整体变动范围。它计算简单，运用方便，但是它仅仅取决于两个极端值的水平，不能反映其间的变量分布情况，容易受极端值的影响，提供的信息太少，遇到开口组的组距式数列，全距难以确定。

（二）方差和标准差

变量数列所有观察值的离差二次幂的平均数，定义为方差。

不分组数据的方差公式是

$$\sigma^2 = \frac{\sum(x-\bar{x})^2}{n}$$

（2-12）

分组数据的方差公式是

$$\sigma^2 = \frac{\sum f(x-\bar{x})^2}{\sum f}$$

（2-13）

式中 σ^2 表示方差，其余符号用法参照求算术平均数的两个公式。

因为方差计算结果会给人以夸大离散程度规模的效果，使人们不易达到直观地认识离散程度的目的，而且方差的计量单位与原观察值的计量单位不一致，所以通常取方差的算术平方根作为离散量数，称为标准差，记为 σ。

（三）四分位差

四分位差主要用于测量数据的离散趋势。四分位差也称四分位内距，是第一四分位数和第三四分位数之差，记为 $Q = Q_3 - Q_1$。

四分位差克服了全距易受极端值影响的问题，一般可用于测度顺序水准数据的离散程度。但四分位差不够通俗，并且未考虑全部数据的差异，实际工作中一般不采用四分位差测度数量水准数据的离散程度。

三、偏度与峰度分析

集中趋势与离散程度是数据分布的两个重要特征，此外数据分布还存在形状是否对称、偏斜的状况以及扁平程度不同等特征。因此，要全面地反映数据分布的特点，就需要再进一步测定偏度与峰度。

（一）偏度

偏度是描述变量取值分布形态对称性的统计量，具体反映总体次数分布的偏斜方向和程度。偏度分布包括右偏分布和左偏分布，当偏度值为 0 时，说明数据为对称分布，这时平均数、中位数、众数三者合而为一；当偏度值小于 0 时，表示数据取值左偏，即数据的长尾巴拖在左边，这时算术平均数在中位数左边，众数在中位数右边；当偏度值大于 0 时，表示变量取值右偏，直方图中有一条长尾巴拖在右边，这时平均数、中位数、众数三者分开，其算术平均数在中位数右边，众数在中位数左边。三者形状如图 2-1 所示。

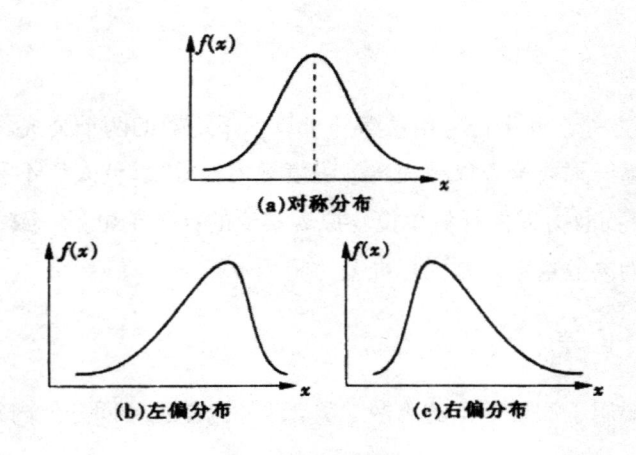

图 2-1 对称分布与偏态分布

对于偏度的测定方法很多，常用的主要有算术平均数与众数比较法和动差法。

算术平均数与众数比较法用算术平均数与众数的差来测定偏度，这是个绝对量。值若为正，为右偏分布；值若为负，为左偏分布；同时值越大，说明偏斜程度越大。但不同分布数列，偏度绝对量不便于直接对比，为了比较不同分布数列的偏斜程度，需要计算偏斜系数。偏斜系数是偏度与其标准差之比，通常用 SK_p 表示。其计算公式为

$$SK_p = \frac{\bar{x} - M_0}{\sigma}$$

（2-14）

动差法通常采用三阶中心动差作为测定偏度的依据，计算公式为

$$SK = \frac{m_3}{\sigma^3}$$

（2-15）

式中，$m_3 = \dfrac{\sum(x-\bar{x})^3 f}{\sum f}$。当 $SK = 0$ 时，表明分布数列是对称分布；当 $SK > 0$ 时，表明分布数列是右偏分布；当 $SK < 0$ 时，表明分布数列是左偏分布。

（二）峰度

峰度是指一组数据分布的尖峭程度。通常与正态分布的高峰相比较，若分布的形状又低又阔，称为平峰分布；若分布的形状又高又窄，则称为尖峰分布。其图形如图 2-2 所示。

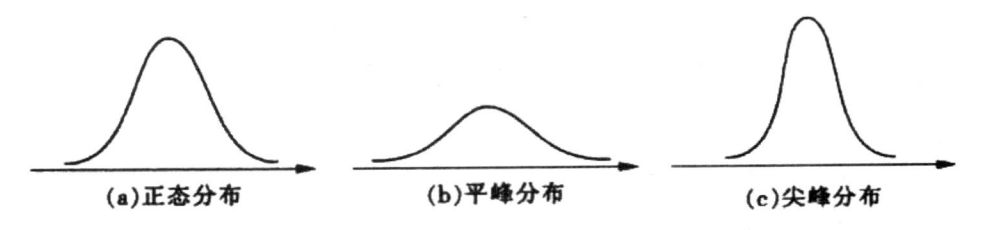

图 2-2 峰度分布图

对数据峰度程度进行描述需要计算峰度系数，其计算公式为：

未分组数据的峰度系数：$\beta = \dfrac{\sum\limits_{i=1}^{n}(x_i - \bar{x})^4}{ns^4}$；

已分组数据的峰度系数：$\beta = \dfrac{\sum\limits_{i=1}^{k}(x_i - \bar{x})^4 f_i}{\left(\sum\limits_{i=1}^{k} f_i\right) s^4}$。

式中，β 表示峰度系数，通过与正态分布的峰度系数进行比较，来说明数据分布的尖峭和扁平程度。通常情况下，正态分布的峰度系数为 3，所以当 $\beta > 3$ 时数据为尖峰分布，当 $\beta < 3$ 时数据为扁平分布。

第三章 概率与概率分布

在收集和观察样本数据时，一般不仅仅是为了了解样本本身的情况，而且还是为了通过样本去认识总体，去推断总体的基本特征。

第一节 随机事件及概率

一、样本空间与事件

对社会现象的观察和对自然现象的科学实验统称为试验，如果在相同的条件下试验可以重复进行，而且每次试验的结果不能事先确定，则这样的试验称为随机试验。例如，掷一枚骰子，观察出现的点数；在一批产品中任意抽取一件，检验它的质量水平；记录某地一昼夜的最高温度和最低温度等都可以看作随机试验。统计学就是通过随机试验来研究随机现象的数量规律性。下面以掷骰子的试验为例介绍一下样本空间和事件两个基本概念。掷一次骰子共有 6 种可能的点数结果，表示为

$$S = \{1, 2, 3, 4, 5, 6\}$$

(3-1)

式中，S 表示样本空间；{ } 符号表示集合；集合中每个数字表示一个元素，则每个元素正好对应着一种可能的结果，由代表一次试验全部可能结果的各元素组成的集合称为样本空间，样本空间的元素称为样本点。在试验中每一种可能的结果都是一个随机事件，并且是该试验的最简单的随机事件，也称为基本事件。然而，在试验中，人们通常只关心全部可能的结果中满足某些规定性质的结果。

二、事件的概率

事件 A 的概率是描述事件 A 在试验中出现的可能性大小的一种度量，即表示事件 A 出现可能性大小的数值，$P(A)$ 称为事件 A 的概率。基于对概率的不同解释，概率的定义也有所不同，主要有古典定义、统计定义和主观定义。

（一）概率的古典定义

人们最早研究概率是从掷硬币、掷骰子和摸球等游戏中开始的。这类游戏有两个共同的特点：一是试验的样本空间元素有限。如掷硬币有正反两种结果，掷骰子有6种结果。二是试验中每个结果出现的可能性相同。如掷硬币出现正反的可能性各为 1/2，掷骰子出现各种点数的可能性均为 1/6。

具有这种特点的随机试验称为古典概型或等可能概型。计算古典概型概率的方法称为概率的古典定义或古典概率。由于样本空间有限，总能够用逻辑推理方法在试验之前推出各种事件的概率，因此古典概率也称验前概率或逻辑概率。

在古典概率中，事件 A 所包含的基本事件个数 m 与样本空间中基本事件总数的比值称为事件 A 的概率，记作

$$P(A) = \frac{\text{事件 } A \text{ 所包含的基本事件个数}}{\text{样本空间所包含的基本事件个数}} = \frac{m}{n}$$

(3-2)

古典概率局限在随机试验只有有限个可能结果的范围内，这使其应用受到了很大限制。因此，人们又提出了根据某一事件重复试验中发生的频率来确定其概率的方法，即概率的统计定义。

（二）概率的统计定义

在同一条件下重复进行 n 次试验，当试验次数 n 充分大时，事件 A 发生的频率 $f(A) = \frac{m}{n}$ 趋向于某一数值 p 或稳定地在 p 值附近波动（$0 \leq p \leq 1$），则定义 p 为事体 A 发生的概率，记作 $P(A)=p$。

需要说明的是，频率是大量试验的结果，它是一个随着试验次数变化而变化的数值，

而概率是一个确定的数值。频率随着试验次数的无限增加,以一种趋势无限接近于概率。历史上很多人做掷硬币的试验,试验结果正面向上的频率 $f(A)$ 随着次数 n 的增加,越来越接近 0.5 这个数值,因而可用 $P=0.5$ 作为事件的概率。

(三) 概率的主观定义

不论是古典概率还是统计概率,都是按照大量重复试验的结果来确定概率的。然而在许多实际应用中,特别是在充满不确定性因素的经济问题中,不存在大量重复的过程,决策人所面对的是仅发生一次的事件或者在不相同条件下重复发生的事件,在这种情况下要对即将发生的某事件的可能性进行估计,就需要应用主观概率。

第二节 概率计算规则

一、事件之间的关系

为了阐述复合事件概率的计算规则,首先应该搞清楚复合事件之间的相互关系,下面对一些表示方法加以说明。

设事件 A、B 是样本空间 S 的两个复合事件。用 $A+B$ 表示 A 与 B 的合并事件,它指的是在试验中 A 或 B 至少有一个出现,即

$$A+B = \{S \text{中所有组成的} A \text{或} B \text{的基本事件}\}$$

(3-3)

用 AB 表示 A 与 B 的交叉事件,它是指在试验中 A 和 B 能同时出现的事件,即

$$AB = \{S \text{中所有属于} A \text{同时又属于} B \text{的基本事件}\}$$

(3-4)

可见,$A+B$ 与 AB 是两个不同的事件(见图 3-1)。

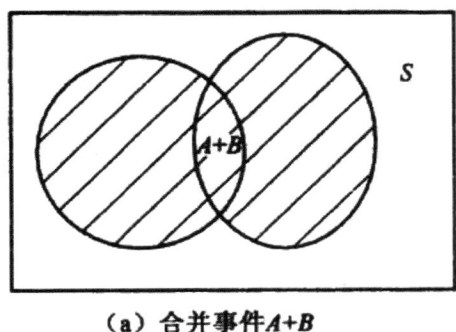

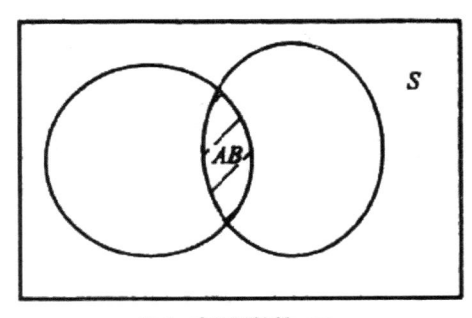

（a）合并事件 $A+B$　　　　（b）交叉事件 AB

图 3-1　合并事件与交叉事件的图形表示

二、条件概率的交叉概率表

在对随机现象的分析中，人们关心的问题通常是：一个事件的出现是否会影响另一事件出现的概率。这种以某一事件的出现为前提条件的另一事件出现的概率，称作条件概率，条件概率的表示法是 $P(A|B)$，它是在条件 B 已出现的条件下，事件 A 出现的概率。

下面来看一看互相排斥事件与互相独立事件两个概念的区别：

如果 A、B 是互相排斥事件，则 A、B 是互依事件（即不是互相独立事件），但是互依事件不一定是互相排斥事件。

如果两个事件 A、B 不是互相排斥事件，则 A、B 可能是独立事件，也可能是互依事件。然而，如果 A、B 是互相独立事件，那么它们一定不是互相排斥事件。

在很多情况下，一个事件的发生总是伴随着一些其他事件的发生。例如，发现一条生产线上出现次品时，企业往往还希望知道次品是由哪台机器或者哪位工人生产的。保险公司可以将申请某险种的家庭按财产额大小分组，也可以同时按家庭收入分组。总之，这样同时进行不同的分组，有利于获取较多的信息，也便于进行统计分析。这会涉及计算不同事件同时出现的联合概率，以及给定条件下的条件概率。

三、概率的乘法规则

概率的乘法规则是计算交叉事件出现概率的规则，即计算 $P(AB)$ 的公式：

$$P(AB) = P(A)P(B|A) \tag{3-5}$$

或

$$P(AB) = P(B)P(A|B) \tag{3-6}$$

由上述两个公式可见，两个事件 A 与 B 的交叉事件的概率 $P(AB)$ 并不是两个单独的事件概率的乘积，即 $P(AB) \neq P(A)P(B)$。但是如果两个事件是互相独立的，即

$$P(A|B) = P(A) \text{ 或 } P(B|A) = P(B) \tag{3-7}$$

则式（3-5）和式（3-6）变为

$$P(AB) = P(A)P(B) \tag{3-8}$$

这说明，只有在 A 与 B 互相独立的条件下，交叉事件的概率 $P(AB)$ 等于两个单独的事件的概率的乘积。因此，式（3-8）也可以作为判断两个事件相互独立的条件。

第三节 随机变量的概率分布

一、离散型随机变量的概率分布

随机变量就是按一定的概率取值的变量。随机变量具有两个特点：一是取值的不确

定性。由于随机事件在一次试验中可能出现,也可能不出现,具有一定的随机性,因此随机变量的取值也是随机的。二是随机变量的取值虽是不确定的,但由于随机变量出现的可能性大小是遵循一定规律的,因此随机变量的取值也是有规律的。

离散型随机试验,是指某次试验的一切可能结果只有有限个或无限可列个。离散型随机变量是这样一种随机变量:它们可以取有限个数值或者如 0,1,2…之类的无限可列数列中的任一数值。例如,在有关到达过路收费亭汽车的试验中,感兴趣的随机变量是 $x=$ 在一天时间内到达过路收费亭的汽车数目,x 可以取的数值是整数数列 0,1,2 等。因此,x 是可以取这个无限可列数列中任一数值的离散型随机变量。

(一)两点分布

若互相独立的重复试验只有"成功"和"失败"两种结果,则这种试验称为伯努利试验,可取

$$X = \begin{cases} 1 & 成功 \\ 0 & 失败 \end{cases}$$

(3-9)

例如,掷硬币、产品质量(合格品和次品)检验等问题,也可以用 $P(X=1)=p$ 和 $P(X=0)=1-p$ 来表示两种结果发生的概率,则分布密度为

$$P(X=x) = \begin{cases} p & x=1 \\ 1-p & x=0 \end{cases}$$

(3-10)

(二)二项分布

若重复进行 n 次伯努利试验,则"成功"次数 x 服从的分布就是二项分布,表示为

$$X \sim b(n,p)$$

(3-11)

其概率分布为

$$P(X=x) = C_n^x p^x (1-p)^{n-x}, x=0,1,2,\cdots,n; 0<p<1; 1-p=q$$

式中，C_n^x 是从 n 个元素中抽取 x 个元素的组合数，其计算公式为

$$C_n^x = \frac{n!}{x!(n-x)!}$$

（3-12）

（三）泊松分布

当二项分布中的 n 相当大（$n>20$），而 p 又较小（$p \leqslant 25$）时，二项分布可用 $\lambda=np$ 的泊松分布来近似。泊松分布是由法国数学家泊松（Simeon-Denis Poisson）提出来的，其概率分布为

$$P(X=x) = \frac{\lambda^x}{x!}e^{-\lambda}(x=0,1,2,\cdots;\ \lambda>0)$$

（3-13）

式中，x 表示某事件在试验中发生的次数；λ 为分布参数，表示随机事件在单位时间间隔或单位空间内平均发生的次数。

二、连续型随机变量的概率分布

如果一个随机变量可取在 x 轴上、x-y 平面上或高维空间的某个区间、某个区域或某个区间集合中的任何数据，则称此随机变量为连续型的一维、二维或多维随机变量。

离散型随机变量只能取有限或无限可列个值，连续型随机变量必然取不可列个值，这就是连续型随机变量与离散型随机变量的差别。

下面介绍几种常用的连续型随机变量及其概率分布。

（一）正态分布

正态分布是重要的随机变量的分布，特别是在统计方法的应用中，正态分布起着十分重要的作用。

首先，正态分布是最常见的分布，大量客观现象服从或近似服从正态分布。人的生理特征如身高、体重、智商、骨骼的长度，自然现象中如海洋的深度、积雪的厚度，产

品的质量性能如电子管中的热噪声、电流、电压、纤维长度、细纱强度、钢的含碳量及抗拉强度，粮食作物的产量，某些产品的寿命等，所有这些现象，其试验、观测和测量误差都服从正态分布。

其次，正态分布具有很好的数学性质。一方面，许多非正态分布以正态分布作为其渐近分布或极限分布，如二项分布、泊松分布等都将正态分布作为其渐近分布；另一方面，任意样本均值的分布都以正态分布为其极限分布，这就是概率论的中心极限定理所证明的。具体来说，当总体是正态分布时，无论样本容量大小如何，样本均值都服从正态分布；当总体不服从正态分布时，只要样本容量足够大，样本均值的分布也趋于正态分布。

正态分布的概率密度为

$$f(x) = \frac{1}{\sqrt{2\pi}\sigma} e^{-\frac{1}{2}\left(\frac{x-\mu}{\sigma}\right)^2} (-\infty < x < +\infty)$$

（3-14）

记作 $X \sim N(\mu, \sigma^2)$，μ 和 σ^2 是两个参数。

（二）χ^2 分布

如果随机变量 $Y = \sum_{i=1}^{n}(X_i)^2$，且随机变量 $X_1, X_2, \cdots, X_n$ 相互独立，并均服从标准正态分布，则称随机变量 Y 服从自由度为 n 的 χ^2 分布，记为 $Y \sim \chi^2(n)$。

χ^2 分布的数学期望和方差分别为

$$E(Y) = n$$

（3-15）

$$D(Y) = 2n$$

（3-16）

（三）t 分布

如果随机变量 X 服从标准正态分布，且随机变量 Y 服从自由度为 n 的 χ^2 分布，X 与 Y 相互独立，则称随机变量 $f=t=\dfrac{X}{\sqrt{Y/n}}$ 服从自由度为 n 的 t 分布。记为 $t \sim t(n)$。

t 分布的数学期望和方差分别为

$$E(t)=0, D(t)=\frac{n}{n-2} \quad (n>2)$$

（3-17）

当 $n<30$ 时，t 分布的分散程度比标准正态分布大，密度函数曲线比较平缓，随着 n 的增大，t 分布逐渐趋于标准正态分布。

第四节　随机变量的数据特征

一、随机变量的数学期望

（一）离散型随机变量的数学期望

设离散型随机变量 X 的概率分布为

$$P(X=x_i)=p_i (i=1,2,\cdots)$$

（3-18）

若级数 $\sum\limits_{i=1}^{\infty} x_i p_i$ 绝对收敛，则称级数 $\sum\limits_{i=1}^{\infty} x_i p_i$ 为随机变量 X 的数学期望或理论均值，记

为 $E(X) = \sum_{i=1}^{\infty} x_i p_i$。

当离散型随机变量 X 取无限可列个值时,"级数 $\sum_{i=1}^{\infty} x_i p_i$ 绝对收敛"可以保证 $E(X)$ 的值不因随机变量 X 取值的次序不同而改变。

（二）连续型随机变量的数学期望

在描述统计中，对连续型数据（样本）$x_1, x_2, \cdots, x_n$ 分组后，采用加权平均式

$$\bar{x} = \frac{M_1 n_1 + M_2 n_2 + \cdots + M_k n_k}{n_1 + n_2 + \cdots + n_k} = \sum_{i=1}^{k} M_i \frac{n_i}{n} = \sum_{i=1}^{k} M_i f_i$$

（3-19）

即平均值为所有组中值的加权和，M_i 的权重为频率 f_i。

对于密度为 $f(x)$ 的连续型随机变量 X，通过观察 X 的取值（即获得样本）$x_1, x_2, \cdots, x_n$ 之后，其取值在区间 $[x_i, x_i + \Delta x]$ 上的概率 $f(x)\mathrm{d}x$ 近似等于样本频率 $f_i = f(x_i)\Delta x_i$。用 x_i 替代组中值 X，X 的近似平均值为 $\sum x_i f(x_i) \Delta x_i$，随着分组的不断加细（组距 Δx_i 越来越小），该平均值逐渐接近于一个广义积分，即

$$\sum x_i f(x_i) \Delta x_i \xrightarrow{\Delta x_i \to 0} \int_{-\infty}^{+\infty} x f(x) \mathrm{d}x$$

（3-20）

上述极限值就是连续型随机变量 X 的均值的广义积分表达式，这个均值通常称为 X 的数学期望。

设连续型随机变量 X 的概率密度函数为 $f(x)$，若积分

$$\int_{-\infty}^{+\infty} x f(x) \mathrm{d}x$$

（3-21）

绝对收敛，则称积分 $\int_{-\infty}^{+\infty} xf(x)\mathrm{d}x$ 的值为随机变量 x 的数学期望，记作 $E(X)$，即

$$E(X) = \int_{-\infty}^{+\infty} xf(x)\mathrm{d}x$$

（3-22）

"积分 $\int_{-\infty}^{+\infty} xf(x)\mathrm{d}x$ 绝对收敛"指的是 $\int_{-\infty}^{+\infty} |x|f(x)\mathrm{d}x$，因而并非所有随机变量都存在数学期望。

（三）随机变量函数的数学期望

设 $y = g(x)$ 为连续函数，X 为分布已知的随机变量。为了计算随机变量函数 $Y = g(X)$ 的数学期望 $E(Y)$，我们可以先求出随机变量 Y 的分布律或概率密度，然后按照数学期望定义计算 $E(Y)$，也可以按照下面定理直接求 $E(Y)$。

设 X 是一个随机变量，$Y = g(X)$，且 $E(Y)$ 存在。

若 X 为离散型随机变量，其分布律为 $P\{X = x_i\} = p_i, i = 1, 2, \cdots$，则 Y 的数学期望为

$$E(Y) = E[g(X)] = \sum_{i=1}^{\infty} g(x_i) p_i$$

（3-23）

若 X 为连续型随机变量，其概率密度函数为 $f(x)$，则 Y 的数学期望为

$$E(Y) = E[g(X)] = \int_{-\infty}^{+\infty} g(x)f(x)\mathrm{d}x$$

（3-24）

根据定理，在计算 $E(Y) = E[g(X)]$ 时，不必知道 $g(X)$ 的分布，只需知道 X 的分布即可，这为计算随机变量函数的数学期望带来很大方便。

二、随机变量的方差

无论是样本数据还是总体数据，既要考察和度量数据的集中趋势，也要考察和度量数据的偏离（分散）程度。例如，企业在选取投资方案时，既要注意每种投资方案的平均收益，也要注意每种投资方案与其平均收益的偏离程度。由此可见，研究随机变量的取值与其平均值的偏离程度是十分必要的。

对于任一随机变量 X，称 $X-E(X)$ 为随机变量 X 与其均值 $E(X)$ 的偏差或离差。由于偏差的均值 $E[X-E(X)]=E(X)-E(X)=0$，因此不能用 $E[X-E(X)]$ 来描述 X 与 $E(X)$ 的偏离程度。与描述统计类似，我们通常用 $E[X-E(X)]^2$ 刻画随机变量 X 与 $E(X)$ 的偏离程度，称其为随机变量 X 的方差。

设 X 是一个随机变量，若 $[X-E(X)]^2$ 存在，则称其为随机变量 X 的方差，记为 $Var(X)$ 或 $D(X)$，即

$$Var(X) = E[X-E(X)]^2$$

（3-25）

如同描述统计，方差的算术平方根 $\sqrt{Var(X)}$ 称为标准差或均方差。它与 X 具有相同的度量单位，在实际中经常使用。

随机变量 X 的方差刻画了 X 的取值与其数学期望 $E(X)$ 的平均偏离程度。若 X 取值比较集中，则 $Var(X)$ 较小；反之，若 X 取值比较分散，则 $Var(X)$ 较大。如同样本方差 S^2，$Var(X)$ 是衡量 X 取值分散程度的一个尺度。

三、协方差与相关系数

在统计研究中，经常会面对如下问题：一是来自同一个总体的多个数量指标是否有

内在联系。例如，人类学家很关心人的身高与体重之间的相互关系；二是来自不同总体的同一个数量指标是否存在显著差异，例如在质量管理中，技术员每天要了解两台或多台同类包装机的工作性能（平均包装量或标准差）是否一致。这样的问题需要用多元随机变量的数字特征描述。本节仅讨论度量两个随机变量相关关系的数字特征，即协方差与相关系数。

（一）协方差

在讨论方差的性质时，已经知道

$$Var(X+Y) = Var(X) + Var(Y) \pm 2E\{[X-E(X)][Y-E(Y)]\}$$

（3-26）

若 X 与 Y 相互独立，则有 $Var(X+Y) = Var(X) + Var(Y)$，即当随机变量 X 与 Y 相互独立时 $E\{[X-E(X)][Y-E(Y)]\} = 0$。当 $E\{[X-E(X)][Y-E(Y)]\} \neq 0$ 时，X 与 Y 一定不相互独立，即它们之间存在着一定相关关系。

设 (X,Y) 为二元随机变量，如果 $E\{[X-E(X)][Y-E(Y)]\}$ 存在，则称其为随机变量 X 和 Y 的协方差，记为 $Cov(X,Y)$，即

$$Cov(X,Y) = E\{[X-E(X)][Y-E(Y)]\}$$

（3-27）

由上述定义及方差性质可知，对于任意两个存在方差的随机变量 X 和 Y，下面的等式成立：

$$Cov(X,Y) = E(XY) - E(X)E(Y)$$

（3-28）

协方差具有下述性质（假设下面各随机变量的协方差存在）。

性质 1：对于任意随机变量 X，有 $Cov(X,Y) = Var(X)$。

性质 2：对于任意随机变量 X 和 Y，有 $Cov(X,Y) = Cov(Y,X)$。

性质 3：对于任意随机变量 X 和 Y，有 $Cov(aX,bY) = abCov(X,Y)$，其中 a、b 是常数。

性质 4：当随机变量 X 与 Y 相互独立时，则 $Cov(X,Y) = 0$。

进一步的研究表明，协方差 $Cov(X,Y)$ 刻画了随机变量 X 和 Y 线性关系的绝对强度。$Cov(X,Y)=0$ 时，表明随机变量 X 与 Y 不存在线性关系。随着 $|Cov(X,Y)|$ 的增大，X 与 Y 的线性关系变得越来越显著。

（二）相关系数

协方差 $Cov(X,Y)$ 反映了随机变量 X 和 Y 之间的相互关系，但它受到 X 与 Y 的量纲的影响。为了避免随机变量因量纲的不同而影响到它们之间相互关系的度量，可将每个随机变量标准化，即取

$$X^* = \frac{X - E(X)}{\sqrt{Var(X)}}, Y^* = \frac{Y - E(Y)}{\sqrt{Var(Y)}}$$

（3-29）

此时，X^* 和 Y^* 的协方差 $Cov(X^*, Y^*)$ 与 X 和 Y 的量纲无关，并且

$$Cov(X^*, Y^*) = \frac{Cov(X,Y)}{\sqrt{Var(X)}\sqrt{Var(Y)}}$$

（3-30）

统计学中将上式称为随机变量 X、Y 的相关系数。

第五节　常用概率分布之间的关系和应用

随机变量的概率分布是概率论和数理统计教学中的最基本的概念。在教学过程中，教师一般都是孤立地阐述各种概率分布，为使学生建立起常用概率分布之间以及离散型

和连续型概率分布之间的联系，本节对常用的 6 种离散型概率分布和 11 种连续型概率分布的关系加以讨论，在建立的概率分布关系图的基础上，从另一个角度归纳并补充了常用概率分布之间的关系，并在讨论它们关系的基础上，建立起分布间的关系图来进一步阐述，以加深理解，在此基础上对概率分布之间关系的应用加以举例说明。

一、常用的一维概率分布

（一）离散型

两点分布：$X \sim B(1, p)$；二项分布：$X \sim B(n, p)$；泊松分布：$X \sim P(\lambda)$；几何分布：$X \sim Ge(p)$；超几何分布：$X \sim h(n, M, N)$；负二项分布：$X \sim Nb(r, p)$。

（二）连续型

均匀分布：$X \sim U(a, b)$；指数分布：$X \sim \exp(\theta)$；正态分布：$X \sim N(\mu, \sigma^2)$；Γ分布：$X \sim Ga(\alpha, \lambda)$。

二、概率分布间关系的讨论

概率论与数理统计教程中涉及的分布之间的关系通常分为以下四种：极限关系、变换关系、独立同分布随机变量和的分布以及一些特殊情形。所谓的极限关系是指当分布中的某个参数趋向某个值时，一个随机变量的概率分布逼近另一个随机变量的概率分布，也就是说两个随机变量通过渐近分布这个纽带联系起来，变换关系指对一个随机变量进行函数变换而得到新的随机变量，新的随机变量和原随机变量之间通过分布建立联系。独立同分布随机变量和的分布是指一些特殊的分布，当有个独立的随机变量同分布于这些特殊的分布时，它们的和服从同一个分布或者一种新的常见分布，而特殊情形是指通过将一个随机变量概率分布中的参数取特定的值来得到一个新的分布，即新的分布是原概率分布的特殊情况。

三、具体应用

（一）模型的近似

对 N 件产品进行无放回抽样，若 N 件产品中有 n 件次品，先从中随机地抽取 n 件产品，则在这 n 件产品中出现的次品数 X 是随机变量，服从超几何分布，而有放回抽样可看作二项分布，此时，容易验证：若 $\lim\limits_{N\to\infty}\dfrac{M}{N}=p$（废品率），在 n、p 保持不变的条件下，$\lim\limits_{N\to\infty}\dfrac{C_M^k C_{N-M}^{n-k}}{C_N^{n-M}}=C_n^k p^k(1-p)^{n-k}$，即二项分布是超几何分布的极限分布。

（二）近似计算

由泊松定理可知，二项分布可由泊松分布近似，从而二项分布的概率值可由泊松分布近似。同样，由中心极限定理可知，具有可加性且期望、方差存在的分布收敛于正态分布，从而这些分布的概率值可由正态分布的概率值近似。

（三）检验的等价性

由于 t 分布的平方是 F 分布，所以在一元线性回归模型中关于回归系数的 t 检验与方差分析（F 检验）是等价的。

随机变量的概率分布是初等概率论与数理统计的一个重要的内容，深刻理解概率分布的背景及概率分布之间的关系，对于掌握与运用概率论与数理统计的内容有很大的帮助。

第四章 抽样推断与统计检验

第一节 明确抽样推断的内涵

一、抽样调查的主要作用

抽样调查是一种科学、灵活、实用的调查推断方法,具有节省经费、提高时效、资料准确、方法灵活等优点,所以它在社会经济调查中被广泛应用,发挥着特有的作用。

(一)能够解决其他调查方式无法或难以解决的问题

在对现象总体情况进行调查时,能进行全面调查是最理想的结果。但在实际工作中往往存在"不可能"和"没必要"的情况,也就是"不可能进行全面调查"和"没必要进行全面调查"的情况。这里的"不可能"主要是对一些具有破坏性的调查而言,"没必要"主要是对大范围总体的调查而言,这时就可以采用抽样调查。

(二)可以补充和订正全面调查的结果

全面调查涉及面广,工作量大,调查只能限定少数基本项目。抽样调查范围小,组织方便,省时省力,调查项目可以更多、更深入,这样在时间和内容上可以相互补充。在全面调查后,通常采用抽样调查进行复查,计算差错率,并据以修正全面调查的资料。例如,我国在历次人口普查的同时,都组织人口抽样复查,根据复查结果计算差错率,据以检查和修正普查资料。

(三)可以应用于产品质量的检查和控制

统计抽样不仅可应用于对现象结果的核算和估计,而且在生产过程中经常起着检查和控制的作用。例如,工业生产的产品质量控制就可利用统计抽样,观察生产工艺过程是否正常，是否存在某些系统性偏误，及时提供有关信息，分析原因，采取措施。

二、抽样推断的概念与特点

抽样推断是指在抽样调查的基础上，按照随机原则从总体中抽取部分单位进行调查，并用这部分单位的调查资料推断总体数量特征的一种统计分析方法。抽样调查的目的不在于了解样本本身的数量特征，而在于借助样本的数量特征，估计和检验总体的数量特征。社会经济生活中，许多总体的数量特征往往是未知的或无法事先得知的。抽样推断为经济分析提供了一个利用样本的有限信息来了解和掌握总体数量特征的科学方法。抽样推断具有以下几个特点。

（一）抽样的随机性

随机原则是指在抽样时，总体中每个单位都有同等被抽中的机会，抽中与抽不中完全不受主观因素的影响，所以也叫同等可能性原则。随机原则是统计抽样必须遵循的基本原则，是统计抽样的重要前提，也是它与其他非全面调查的主要区别之一。而带上个人主观意图，挑中的那部分单位的标志值则可能偏高或偏低，失去对总体的代表性。

（二）以样本推断总体

抽样调查是一种非全面调查，但调查的目的不是了解部分单位的情况，而是根据部分单位的调查资料推断总体的数量特征。如果不利用抽样调查资料进行抽样推断，这种抽样调查资料就不会有什么价值，抽样调查也就失去了意义。

（三）以概率估计为方法

抽样调查不仅可以用样本指标推断总体指标，而且还可以使人知道用某一种样本指标来推断总体指标其可靠程度有多高，这就是概率估计所解决的问题。

（四）误差不可能避免

用部分单位的指标来推断总体指标，必然存在一定的误差，但研究人员可以事先通过一定的资料加以计算，并且能够采用一定的组织措施来控制误差的范围，保证抽样推断的结果达到一定的可靠程度。也可以说,抽样调查是根据事先给定的误差允许范围进行设计的,抽样推断是具有一定可靠程度的估计和判断,这些都是其他估算方法所做不到的。

三、抽样推断的理论基础

从数量方法来说,抽样推断是以概率论的极限定理为基础的,极限定理是指采用极限的方法得出随机变量概率分布一系列定理的总称,内容广泛,其中的大数定律和中心极限定理为抽样推断提供了主要的理论依据。

(一)大数定律

大数定律也叫大数法则,它是阐明大量随机现象平均结果稳定性的一系列定理的总称。它说明如果被研究的总体由大量的、相互独立的随机因素所构成,而且每个因素对总体的影响都相对较小,那么将这些大量因素加以综合平均,因素的个别影响将相互抵消,而呈现出其共同作用的影响,使总体具有稳定的性质。

联系抽样推断来看,大数定律从数量关系角度阐明了样本和总体之间的内在联系,即随着样本单位数的增加,抽样平均数接近于总体平均数的趋势,几乎具有实际必然性。

(二)中心极限定理

中心极限定理研究随机变量之和在什么条件下渐近地服从正态分布。因正态分布在概率论中占有中心地位,所以以正态分布为极限的定理叫作中心极限定理。

中心极限定理是大样本统计推断的理论基础。样本平均数也是一种随机变量之和的分布,根据中心极限定理,只要在样本容量充分大时,不论全及总体的变量分布是否属于正态分布,其抽样平均数总趋近于正态分布,这就为抽样推断提供了重要的理论依据。

第二节 抽样误差的计算

在统计工作中,由于种种原因,统计的结果与实际数据(真实情况)之间往往存在一定的差异,且不同次的统计调查都会存在,只是不同次的差异大小不同而已。但只要差异的存在不影响统计分析结果,就是被允许的。例如,盖洛普(Gallup George Horace)自 20 世纪 30 年代以来,每次都是以 1 000~1 500 人的样本对每届总统选举进行快捷而又准确的预测,也同样存在 2%以下的平均误差。所以,误差的存在并不可怕,只要我们能够事先计算出误差的大小,并把误差控制在一定的范围内,就可以得到所要的结果。因此,抽样误差的计算就显得非常重要。

一、抽样误差的含义及其影响因素

统计学中所讲的抽样误差就是统计误差中的随机误差,是指在遵循随机原则的前提下,由于样本内部结构与总体结构有差异而引起的样本指标与总体真值指标之间的差别或离差,可表示为 $|\bar{x}-\bar{X}|$ 和 $|p-P|$。

抽样误差的大小能够说明抽样指标估计总体指标是否可行、抽样结果是否理想等调查性问题。要想控制抽样误差,就必须首先弄清抽样误差的影响因素。其影响因素主要有以下几个方面。

(一)总体各单位标志值的差异程度

如果其他条件不变,总体各单位标志值的差异程度越大,则抽样误差也越大;反之,则越小。假设各单位标志值没有差别,也就没有抽样误差了。

(二)样本单位数的多少

在其他条件相同的情况下,样本单位数越多,则抽样误差越小;反之,则越大。假设样本单位数与总体单位数相等,也就没有抽样误差了。

（三）抽样调查的组织形式

不同的抽样调查组织形式，对全及总体的处理方式和处理程度各不相同，致使不同抽样方式下，影响抽样误差的标志变动度各不相同。因此，不同的抽样调查组织形式应有不同的抽样误差，而同一种抽样调查组织形式的合理程度也影响抽样误差。

（四）抽样方法

在样本容量一定的前提下，采用不重复抽样的方法抽样，会使样本结构更类似于总体结构，即样本对总体的代表性高。因此，重复抽样的误差大于不重复抽样的误差。

可见，适当地扩大样本容量，或对总体进行分组、排队等恰当的处理等，都可以达到减少和控制抽样误差的目的。

二、抽样平均误差的概念与计算

（一）抽样平均误差的概念

从总体中抽取多个样本，每个样本指标与总体指标之间的离差称为实际抽样误差。由于总体指标是未知的，因此实际抽样误差是无法测算的。实际工作中是以抽样平均误差来衡量抽样误差大小的。抽样平均误差是指所有可能的样本指标与总体指标之间离差平方的算术平均数的平方根，即所有样本指标与总体指标之间的标准差。以 $\mu_{\bar{x}}$ 表示抽样平均数的抽样平均误差，μ_p 表示抽样成数的抽样平均误差，M 表示全部可能的样本个数，则：

$$\mu_{\bar{x}} = \sqrt{\frac{\sum(\bar{x}-\bar{X})^2}{M}}$$

（4-1）

$$\mu_p = \sqrt{\frac{\sum(p-P)^2}{M}}$$

（4-2）

（二）抽样平均误差的计算

在实际工作中，由于总体平均数和总体成数的真值是未知的，也不可能抽取所有的样本以测算所有的样本指标，即我们事先不知道全及总体的平均数或成数，同时也无法掌握所有可能样本的平均数或成数，因此，这两个抽样平均误差的公式只是理论意义上的，在实际工作中是无法应用的。但数理统计的研究与发展为社会经济统计中抽样平均误差的计算提供了以下应用性公式。

1.抽样平均数的抽样平均误差

在重复抽样的条件下，计算公式为

$$\mu_{\bar{x}} = \sqrt{\frac{\sigma^2}{n}} = \frac{\sigma}{\sqrt{n}}$$

（4-3）

在不重复抽样的条件下，计算公式为

$$\mu_{\bar{x}} = \sqrt{\frac{\sigma^2}{n}\left(\frac{N-n}{N-1}\right)}$$

（4-4）

在计算抽样平均误差时，应注意以下两个问题。

第一，不重复抽样公式中的校正系数问题。不重复抽样与重复抽样两个抽样平均误差公式相比，前者比后者多了个修正系数 $\left(\dfrac{N-n}{N-1}\right)$。这个系数总是小于1，因此不重复抽样的误差总是小于重复抽样的误差。当总体单位数 N 非常大时，N 与 $N-1$ 非常接近，因此不重复抽样的抽样平均误差公式可以近似地简化为：$\mu_{\bar{x}} = \sqrt{\dfrac{\sigma^2}{n}\left(1-\dfrac{n}{N}\right)}$。

当总体单位数 N 很大时，$\sqrt{\dfrac{\sigma^2}{n}\left(1-\dfrac{n}{N}\right)}$ 与 $\sqrt{\dfrac{\sigma^2}{n}} = \dfrac{\sigma}{\sqrt{n}}$ 很接近，所以，在 N 未知时可以用重复抽样的抽样平均误差公式计算。

第二，总体方差资料的替代问题。在抽样平均误差的实际计算公式中，都含有总体方差或标准差。但是，总体方差的实际值在抽样推断中是不可知的，所以只有采用相关资料替代它，才能计算抽样平均误差。通常在实际工作中，采用样本方差 S 来替代，或者是用过去已进行过的全面调查的调查资料（抽样调查也可以），即用历史资料替代，或者用实验性调查所获得的方差资料替代。

2. 抽样成数的抽样平均误差

在重复抽样条件下，计算公式为

$$\mu_p = \sqrt{\frac{p(1-p)}{n}}$$

（4-5）

在不重复抽样条件下，计算公式为

$$\mu_p = \sqrt{\frac{p(1-p)}{n}\left(\frac{N-n}{N-1}\right)}$$

（4-6）

同理，上面这个公式可以近似地简化为

$$\mu_p = \sqrt{\frac{p(1-p)}{n}\left(1-\frac{n}{N}\right)}$$

（4-7）

当总体单位数 N 很大时，$\mu_p = \sqrt{\frac{p(1-p)}{n}\left(1-\frac{n}{N}\right)}$ 可以简化为 $\mu_p = \sqrt{\frac{p(1-p)}{n}}$。

从上面的抽样平均误差的数理统计应用性公式中，可以看出 σ、p 是总体的方差和成数资料，由于在抽样前总体的方差和成数是未知的，因此抽样平均误差的数理统计应用性公式也是不能直接应用的。但经论证，可以用过去的总体同类资料或样本方差和样本成数来代替总体方差和总体成数。

第三节 抽样推断的相关概念与方法

一、抽样推断的相关概念

（一）全及总体和抽样总体

全及总体简称总体，是指根据研究的目的所确定的研究事物的全体，也就是抽样调查所确定的调查对象，又叫母体。全及总体单位数一般用 N 表示。

抽样总体简称样本，它是从全及总体中随机抽取出来的部分单位组成的集合体，又叫子体。抽样总体的单位数（即样本容量）一般用 n 表示。一般样本单位数的确定，必须结合调查任务的要求以及总体各单位标志值的差异情况来综合考虑。在抽样推断中，全及总体是唯一确定的，但抽样总体不是唯一的，而是可变的。

（二）全及指标和样本指标

1. 全及指标

（1）数量标志的全及指标

根据全及总体计算的反映总体数量特征的指标称为全及指标，又叫参数。常用的总体参数有总体平均数和总体标准差（或总体方差）。公式分别为

$$\bar{X} = \frac{\sum X}{N}$$

（4-8）

$$\sigma = \sqrt{\frac{\sum(X-\bar{X})^2}{N}}$$

（4-9）

（2）是非标志的全及指标

在社会经济统计中，有时把某种社会经济现象的全部单位分成具有某一标志的单位和不具有某一标志的单位两组。这种用"是""否"或"有""无"来表示的标志，叫

作是非标志，又称交替标志。

设总体 N 个单位中，有 N_1 个单位具有某种属性，N_0 个单位不具有某种属性，则有 $N_1 + N_0 = N$，令

$$P = \frac{N_1}{N}$$

（4-10）

$$Q = \frac{N_0}{N} = \frac{N - N_1}{N} = 1 - P$$

（4-11）

式中：P——总体中具有某种属性的单位数占总体单位数的比重；

Q——总体中不具有某种属性的单位数占总体单位数的比重。

统计中常把这样的两种比重称为成数。

是非标志的表现是用"是""否"或"有""无"来表示的，因此我们可以把它量化，用 1 表示"是"或"有"，用 0 表示"否"或"无"，这样把是非标志值的分布看成是 $X=1$ 和 $X=0$ 的分布，便可求其平均数和标准差或方差。其公式为

$$\bar{X}_p = \frac{N_1}{N} = P$$

（4-12）

$$\sigma_p = \sqrt{PQ} = \sqrt{P(1-P)}$$

（4-13）

$$\sigma_p^2 = PQ = P(1-P)$$

（4-14）

由上述计算公式可知，是非标志值的平均数是具有某种属性的成数本身，是非标志值的方差是两种成数之积，是非标志值的标准差是两种成数之积的平方根。

2.样本指标

样本指标是指根据抽样总体计算的指标,又叫统计量。

(1) 数量标志的统计量

其计算公式为

$$\bar{x} = \frac{\sum x}{n}$$

(4-15)

$$S = \sqrt{\frac{\sum(x-\bar{x})^2}{n}}$$

(4-16)

$$S^2 = \frac{\sum(x-\bar{x})^2}{n}$$

(4-17)

(2) 是非标志的统计量

其计算公式为

$$\bar{x}_p = \frac{n_1}{n} = p$$

(4-18)

$$S_p = \sqrt{p(1-p)}$$

(4-19)

$$S_p^2 = p(1-p)$$

(4-20)

全及总体是唯一确定的,所以根据全及总体计算的全及指标也是唯一确定的,但它是未知的。抽样总体是不确定的,所以根据抽样总体计算的样本指标也是不确定的,它实际上是样本的函数,是一个随机变量,但它是已知的。

（三）重复抽样和不重复抽样

1.重复抽样

重复抽样又称重置抽样，是指从总体中抽出一个单位后，把结果登记下来，再放回总体中参加下一次抽选。重复抽样每次都是从全部总体单位中抽选，每个单位被抽中的机会在各次抽选中是完全相同的，且有多次被抽中的可能。从总体 N 个单位中，用重复抽样的方法随机抽取 n 个单位构成一个样本，若考虑样本单位的前后顺序，则共有 N^n 个样本；若不考虑样本单位的前后顺序，全部可能抽取的样本个数为 $\dfrac{(N+n-1)!}{n!(N-1)!}$。

2.不重复抽样

不重复抽样又称不重置抽样，是指从总体中抽出一个单位之后不再放回去参加下一次抽选。在不重复抽样过程中，总体单位数依次减少，因而每个单位被抽中的可能性越来越大，但被抽中的机会只有一次。从总体 N 个单位中，用不重复抽样方法随机抽取 n 个单位组成样本，若考虑样本单位的前后顺序，全部可能抽取的样本个数为 $\dfrac{N!}{(N-n)!}$；若不考虑样本单位的前后顺序，全部可能抽取的样本个数为 $\dfrac{N!}{(N-n)!n!}$。

（四）抽样极限误差

抽样极限误差是指样本指标与总体指标之间可能的误差范围。样本指标与总体指标之间的抽样误差是客观存在的、不可避免的。因此，以样本指标估计总体指标，要达到完全准确、毫无误差，几乎是不可能的，在用样本指标估计总体指标时，应该根据所研究对象的变动程度和分析任务的要求，确定一个可允许的误差范围，在这个范围内估计的数字都算是有效的。它是抽样指标和总体指标之间抽样误差的最大可能范围，等于样本指标可允许变动的上限或下限与总体指标之差的绝对值。设 $\Delta_{\bar{x}}$、$\Delta_{\bar{p}}$ 分别表示抽样平均数极限误差和抽样成数极限误差，则有

$$\Delta_{\bar{x}} \geqslant |\bar{x} - \bar{X}|$$

(4-21)

$$\Delta_{\bar{p}} \geqslant |p - P|$$

(4-22)

（五）置信区间

在统计学中，数据一般不用绝对值表示，所以根据抽样极限误差的概念做不等式变换有

$$\bar{x} - \Delta_{\bar{x}} \leqslant \bar{X} \leqslant \bar{x} + \Delta_{\bar{x}}$$

(4-23)

同理可得

$$p - \Delta_p \leqslant P \leqslant p + \Delta_p$$

(4-24)

上式表示被估计的总体平均数以抽样平均数 $\bar{x}$ 为中心，在 $\bar{x} - \Delta_{\bar{x}}$ 至 $\bar{x} + \Delta_{\bar{x}}$ 之间变动，区间 $[\bar{x} - \Delta_{\bar{x}}, \bar{x} + \Delta_{\bar{x}}]$ 称为总体平均数估计的置信区间，区间总长度为 $2\Delta_{\bar{x}}$，在这个区间内样本平均数和总体平均数之间的绝对离差不超过 $\Delta_{\bar{x}}$。

（六）概率度

由于总体指标是未知的，我们无法计算样本指标与总体指标的真实性差异，所以也就无法计算抽样极限误差。基于概率估计的理论，抽样极限误差通常是以抽样平均误差 $\mu_{\bar{x}}$ 或 μ_p 为标准单位来衡量的，所以用抽样平均误差 $\left(\mu_{\bar{x}} \text{ 或 } \mu_p\right)$ 将抽样极限误差标准化，用 t 表示，则

$$t = \frac{\Delta_{\bar{x}}}{\mu_{\bar{x}}}$$

(4-25)

所以

$$\Delta_{\bar{x}} = t\mu_{\bar{x}}$$

（4-26）

这里的 t 称为抽样误差的概率度，概率度是扩大和缩小抽样平均误差的倍数，是衡量估计可靠程度的一个参数（确定区间长度的一个参数）。

将 $\Delta_{\bar{x}} = t\mu_{\bar{x}}$ 代入置信区间有

$$\left[\bar{x} - t\mu_{\bar{x}}, \bar{x} + t\mu_{\bar{x}}\right]$$

（4-27）

其中，$\bar{x} - t\mu_{\bar{x}}$ 称为置信下限，$\bar{x} + t\mu_{\bar{x}}$ 称为置信上限。

二、抽样推断的方法

抽样调查的直接目的，就是推断 $\bar{X}$ 和 P，然后再结合总体单位数 N 去推算总体的有关标志总量。抽样推断就是利用实际调查计算的样本指标数值来估计和推断相应的总体指标数值，其方法有点估计和区间估计两种。

（一）点估计

点估计又称定值估计，是指不考虑抽样误差而直接以样本指标代替总体指标，也就是直接以抽样平均数或抽样成数代替总体平均数或总体成数。用公式表示为

$$\bar{x} = \bar{X} \quad p = P$$

（4-28）

这种估计方法简便易行，原理直观，易于理解和接受。但这种估计方法没有表明抽样估计的误差是多少，更没有指出误差在一定范围内的概率保证程度，所以在实际工作中常常采用区间估计的方法。

（二）区间估计

1. 区间估计的概念

区间估计就是以一定的概率保证估计包含总体参数的一个值域，即根据样本指标和抽样平均误差推断总体指标的可能范围。它包括两部分内容：一是这一可能范围的大小；二是总体指标落在这个可能范围内的概率。区间估计既说明估计结果的准确程度，又表明这个估计结果的可靠程度，所以区间估计是比较科学的，它是抽样推断的主要方法。

区间估计必须同时具备三个要素，即估计值、抽样极限误差和概率保证程度。抽样误差的范围决定抽样估计的准确性，概率保证程度决定抽样估计的可靠性，两者密切联系，但同时又有矛盾，所以，对估计的精确程度和可靠程度的要求应慎重考虑。

2. 区间估计的方法

抽样极限误差的公式为

$$\Delta_{\bar{x}} \geqslant |\bar{x} - \bar{X}|$$

（4-29）

$$\Delta_{\bar{p}} \geqslant |p - P|$$

（4-30）

由于 $\Delta_{\bar{x}}$ 和 $\Delta_{\bar{p}}$ 是预先给定的方案中所允许的误差范围，所以利用 $\Delta_{\bar{x}}$ 和 $\Delta_{\bar{p}}$ 可以反过来估计未知的全及指标的取值可能的范围。解上述两个绝对值不等式便可得

$$\bar{X} + \Delta_{\bar{x}} \geqslant \bar{x} \geqslant \bar{X} - \Delta_{\bar{x}}$$

（4-31）

$$P + \Delta_{\bar{p}} \geqslant p \geqslant P - \Delta_{\bar{p}}$$

（4-32）

这两个取值可能的范围是由一个未知数来估计一个已知数的可能的范围，所以可以利用 $\Delta_{\bar{x}}$ 和 $\Delta_{\bar{p}}$ 反过来估计未知的全及指标的取值可能的范围，于是有

$$\bar{x} + \Delta_{\bar{x}} \geqslant \bar{X} \geqslant \bar{x} - \Delta_{\bar{x}}$$

（4-33）

$$p+\Delta_{\bar{p}} \geqslant P \geqslant p-\Delta_{\bar{p}}$$

(4-34)

由于总体指标是未知的，我们无法计算样本指标与总体指标的真实性差异，所以也就无法计算抽样极限误差。

第四节　假设检验

一、假设检验的含义

假设检验也称"显著性检验"，是指用来判断样本与样本、样本与总体的差异是由抽样误差引起还是由存在的本质差别所造成的一种统计推断方法。假设检验是抽样推断中的一项重要内容，其基本原理是先对总体的特征做出某种假设，然后通过抽样研究的统计推理，对此假设做出是拒绝还是接受的推断。总体现象中的个体差异是客观存在的，以致抽样误差不可避免，所以不能仅凭个别样本的结果来下结论。当遇到两个或几个样本均数、样本均数与已知总体均数之差有大有小时，应当考虑到造成这种差别的两种原因：一是这两个或几个样本均数来自同一总体，其差别仅仅由抽样误差（抽样的偶然性）所造成；二是这两个或几个样本均数来自不同的总体，即其差别不仅由抽样误差所造成，而且主要由实验或本质因素不同所造成。假设检验的目的就在于排除抽样误差的影响，区分差别在统计上是否存在。

二、假设检验的内容

当对总体某项或某几项做出假设时，每个假设检验的问题一般都可同时提出"原假设"和"备择假设"两个相反的假设。原假设通常是研究者想要收集证据予以反对的假设，是正待检验的假设，又称零假设，记为 H_0。备择假设通常是研究者想要收集证据予以支持的假设，是拒绝原假设后可供选择的假设，记为H_1。原假设和备择假设是一个完备事件组，并且相互排斥，检验结果两者必取其一。接受H_0则必须拒绝H_1，反之，拒绝H_0则必须接受H_1。

三、小概率原理

　　原假设和备择假设不是随意提出的，应根据所检验问题的具体背景而定。常常是采取"不轻易拒绝原假设"的原则，即把没有充分理由不能轻易否定的命题作为原假设，而相应地把没有足够把握就不能轻易肯定的命题作为备择假设；假设的接受或拒绝的依据是小概率原理，即：概率很小的事件在一次试验中几乎是不可能发生的，若发生了，就是不合理的。所谓不合理现象的产生，并非指形式逻辑上的绝对矛盾，而是基于小概率原理。假设检验就是根据小概率原理使用了一种类似于"反证法"的推理方法。这里的"反证法"不同于一般的反证法，因为在假设检验中，只是依据一个样本来进行推断，用一个实例去证明某个命题是正确的，这在逻辑上是不充分的，但用一个反例去推翻一个命题，理由是充足的，因为一个命题成立时不允许有反例存在。所以，假设检验运用的是概率意义上的反证法。

　　由于在建立假设时本着"不轻易拒绝原假设"的原则，所以当检验结论一旦为拒绝原假设时，就会有较大的把握程度（即错误判断的可能性很小）；而当不能否定原假设时，只能将它作为真的保留下来，但事实上它有可能是假的，所以，接受它可能是个错误。为了使拒绝原假设有较大的把握程度，假设检验时通常将概率"不超过α的事件"称为"小概率事件"，并把这个概率α称为显著性水平。

四、假设检验的方法

（一）总体平均数的假设检验

　　总体平均数的假设检验的基本假设是：

$$H_0: \mu = \mu_0 \tag{4-35}$$

$$H_1: \mu \neq \mu_0 \tag{4-36}$$

1. 正态总体、总体方差未知的大样本假设检验

当总体为正态分布、总体标准差 σ 未知、$n > 30$ 时，可应用 z 检验，计算检验统计量时用样本标准差 S 代替总体标准差 σ，检验统计量为

$$z = \frac{\bar{x} - \mu_0}{\frac{S}{\sqrt{n}}} \tag{4-37}$$

2. 总体分布不明、总体方差未知的大样本假设检验

当总体分布不明、总体标准差 σ 未知、$n > 30$ 时，可应用 z 检验，计算检验统计量时用样本标准差 S 代替总体标准差 σ，检验统计量为

$$z = \frac{\bar{x} - \mu_0}{\frac{S}{\sqrt{n}}} \tag{4-38}$$

3. 正态总体、总体标准差已知的大样本假设检验

当总体为正态分布且总体标准差 σ 已知时，样本平均数与总体平均数差异可以用 z 检验，检验统计量为

$$z = \frac{\bar{x} - \mu_0}{\frac{\sigma_0}{\sqrt{n}}} \tag{4-39}$$

4. 总体不明、总体方差已知的大样本假设检验

当总体分布不明、总体标准差 σ 已知、$n > 30$ 时，可以用单尾 z 检验，检验统计量为

$$z = \frac{\bar{x} - \mu_0}{\frac{\sigma_0}{\sqrt{n}}}$$

(4-40)

5.正态总体、总体方差未知的小样本假设检验

当总体为正态分布、总体标准差 σ 未知、$n < 30$（小样本）时，可根据 t 分布理论，用 t 检验，检验统计量为

$$t = \frac{\bar{x} - \mu_0}{\frac{S}{\sqrt{n}}}$$

(4-41)

（二）两样本均数差异显著性检验 $(\mu_1 = \mu_2)$

在经济现象分析实践中，经常要分析比较两个不同单位或地区的同一经济现象的情况，这时就要进行两样本均数差异显著性检验。两样本均数差异显著性检验基本假设是：

$$H_0 : \mu_1 = \mu_2$$

(4-42)

$$H_0 : \mu_1 \neq \mu_2$$

(4-43)

1.两总体为正态分布，σ_1 和 σ_2 已知的假设检验

当两总体均服从正态分布，且 σ_1 和 σ_2 已知时，可以用双尾 z 检验，检验统计量为

$$z = \frac{\bar{x}_1 - \bar{x}_2}{\sqrt{\frac{\sigma_1^2}{n_1} + \frac{\sigma_2^2}{n_2}}}$$

(4-44)

2. 两总体为正态分布，σ_1 和 σ_2 未知，且为大样本的假设检验

当两总体均为正态分布，而总体方差 σ_1^2 和 σ_2^2 已知，但 $n_1 > 30$，$n_2 > 30$，此时可以用 S_1^2、S_2^2 分别代替 σ_1^2、σ_2^2，进行 z 检验，检验统计量为

$$z = \frac{\overline{x}_1 - \overline{x}_2}{\sqrt{\dfrac{S_1^2}{n_1} + \dfrac{S_2^2}{n_2}}}$$

（4-45）

3. 两总体为正态分布，σ_1 和 σ_2 未知，且为小样本的假设检验

当两总体均为正态分布，而总体方差 σ_1^2 和 σ_2^2 未知，但 $n_1 < 30$，$n_2 < 30$，此时可以用 S_1^2、S_2^2 分别代替 σ_1^2、σ_2^2，进行 t 检验，检验统计量为

$$t = \frac{\overline{x}_1 - \overline{x}_2}{\sqrt{\dfrac{(n_1-1)S_1^2 + (n_2-1)S_2^2}{n_1 + n_2 - 2}\left(\dfrac{1}{n_1} + \dfrac{1}{n_2}\right)}}$$

（4-46）

4. 总体不明、总体方差（或标准差）未知的大样本假设检验

当两总体分布不明，而 σ_1 和 σ_2 又未知，但 $n_1 > 30$，$n_2 > 30$，此时可以用 S_1^2、S_2^2 分别代替 σ_1^2、σ_2^2，进行双侧 z 检验，检验统计量为

$$z = \frac{\overline{x}_1 - \overline{x}_2}{\sqrt{\dfrac{S_1^2}{n_1} + \dfrac{S_2^2}{n_2}}}$$

（4-47）

第五节　假设检验在审计抽样工作中的应用

审计抽样，是指在实施审计程序时，从审计对象总体中选取一定数量的样本进行测试，并根据测试结果推断审计对象总体特征的一种方法。在传统的参数估计方法外，本文提出用统计假设检验的方法进行审计抽样，以实证为例分析审计过程中是否存在重大错报，并从审计风险的角度评价结果的可靠性和局限性。

一、研究背景

企业规模的扩大和经营复杂程度的不断上升，使得注册会计师对每一笔交易进行检查变得既不可行又十分没有必要。为了在合理的时间内以合理的成本完成审计工作，审计抽样应运而生。审计抽样旨在帮助注册会计师确定实施审计程序的范围，以获取充分、适当的审计证据，得出合理的结论，作为形成审计意见的基础。

审计抽样是指注册会计师对具有审计相关性的总体中低于百分之百的项目实施审计程序，使所有抽样单元都有被选取的机会，为注册会计师针对总体得出结论提供合理基础。审计抽样应当具备三个基本特征：第一，对某类交易或账户余额中低于百分之百的项目实施审计程序；第二，所有抽样单元都有被选取的机会；第三，审计测试的目的是评价该账户余额或交易类型的某一特征。

目前，在有关审计的文献及实际工作中，通常仅使用参数估计的方法对总体进行推断。虽然此种方法可以做到这一点，但是不能够获得确切的风险概率，从而使审计工作人员对推断风险没有更加确切的把握。在本案例中，引入了假设检验的概念，用于分析审计过程中是否存在重大错报。

二、研究问题

分析样本的账面金额与审计工作人员对样本实施审计程序后的审定金额是否存在差异。

三、研究方法：假设检验

从样本的账面金额与审计工作人员对样本实施审计程序后的审定金额不存在显著差异为原假设，做双样本等方差假设，观察结果看是接受还是拒绝原假设。如果结论支持接受原假设，则审计此交易或者账户余额过程中所产生的差异为不显著差别，除偏差的性质和原因外，可以接受该差异。如果结论支持拒绝原假设，则审计此交易或账户余额过程中所产生的差异为显著差异，因此可以推断所测试的交易或账户余额存在重大错报。注册会计师应建议被审计单位对错报进行调查，且在必要时调整账面记录。

四、数据来源

从某被审计单位 200 个产成品明细账中抽样，使用 Excel 中的随机函数，并按随机数降序排列后选出排序在前的 30 个产成品明细账作为样本。经审计后，此 30 个样本的账面金额及审定金额如表 4-1 所示。

表 4-1　30 个样本的账面金额及审定金额

产品序号	账面金额	审定金额
1	2 306.76	2 306.76
2	1 756.35	1 756.35
3	1 715.7	1 715.7
4	1 993.95	1 993.95
5	2 513.7	2 513.7
6	1 326.25	1 326.25
7	2 641	2 451
8	1 956.43	1 956.43

续表

产品序号	账面金额	审定金额
9	1 910.49	1 910.49
10	1 650.6	1650.6
11	1 837.5	1 737.5
12	1 932.25	1 932.25
13	1 863.99	1 863.99
14	1 467.27	1 467.27
15	1 783.81	1 783.81
16	2 106.57	2 106.57
17	2 215.11	2 215.11
18	2 849.5	1 459.5
19	1 716.32	1 716.32
20	2 455.88	2 455.88
21	2 022.75	2 022.75
22	1 748.7	1 748.7
23	1 418.46	1 418.46
24	1 853.1	1 853.1
25	1 486.35	1 486.35
26	1 655.07	1 655.07
27	1 339	1 442
28	2 487.92	2 487.92
29	1 177.6	1 433.6
30	1 288.75	1 288.75

五、分析方法

（一）提出一对假设

判断产成品明细账样本的账面金额和审定金额是否存在显著差别：

$$H_0 : U_{账面} = U_{审定}$$

$$H_1 : U_{账面} \neq U_{审定}$$

（二）分析

将抽样数据导入 Excel 表，进行双样本等方差假设检验。为了考虑否定一个真的原假设和接受一个假的原假设对审计效率和效果造成的影响，选用 3 种置信度的值，分别是 $\alpha = 1\%$、$\alpha = 5\%$、$\alpha = 10\%$。

（三）判断结果

第一，$\alpha = 1\%$ 时，t 双尾临界≈2.66 t Stat≈0.434（此假设检验为双尾检验），
因为｜t Stat｜＜t 双尾临界，所以接受原假设 H_0。
说明产成品明细账样本的账面金额和审定金额不存在显著差别。

第二，$\alpha = 5\%$ 时，t 双尾临界≈2t Stat≈0.434（此假设检验为双尾检验），
因为｜t Stat｜＜t 双尾临界，所以接受原假设 H_0。
说明产成品明细账样本的账面金额和审定金额不存在显著差别。

第三，$\alpha = 10\%$ 时，t 双尾临界≈1.67t Stat≈0.434（此假设检验为双尾检验），
因为｜t Stat｜＜t 双尾临界，所以接受原假设 H_0。
说明产成品明细账样本的账面金额和审定金额不存在显著差别。

（四）得出结论

根据三种不同的置信度计算出来了相同的结果，那就是产成品明细账样本的账面金额和审定金额不存在显著差别。注册会计师可以接受样本差异，但需要进一步考虑偏差的性质和原因。

考虑否定一个真的原假设和接受一个假的原假设对审计的效率和效果造成的损失，这里我们用了三种置信度来计算。我们在审计不同交易或账户余额时，可以根据重要程度和内部控制状态来决定我们的置信水平。

六、研究报告

第一，审计抽样的统计假设检验的基本思路是：注册会计师先对所审项目进行随机抽样，然后提出一对假设，通过抽样调查计算得出数据。如果这些数据在假设条件下是小概率出现的（可设为1%、5%或者10%），但随机抽样时恰恰出现了，这说明原来的假设很可能有问题，应该拒绝原假设；反之则不能拒绝原假设。

第二，在假设检验中，否定一个真的零假设称为第Ⅰ类错误。犯第Ⅰ类错误是：原假设为真，但抽样结果使注册会计师否定了原假设，误以为该交易或者账户余额存在重大错报，将会继续扩大审计测试范围，再次推断，影响审计效率。不否定一个假的零假设称为第Ⅱ类错误。犯第Ⅱ类错误是：原假设为假，但抽样结果使得注册会计师接受了原假设，误接受本来存有重大错报的交易或账户余额，影响审计效果，后果十分严重。所以审计人员要特别注意对第Ⅱ类错误的控制。

第三，审计抽样风险通常可由假设检验中给定的显著性水平 α 来体现，$1-\alpha$ 为置信水平，是指注册会计师所做出统计判断的可信度，或者说是注册会计师做的统计决策可能会发生的概率。这个值在假设检验时是由注册会计师根据具体情况来给定的，一般显著性水平都是比较小的值，如1%、5%等。

第四，审计假设检验的评价。把假设检验的方法用于审计，主要有如下优点：

一是假设检验可以按使用者对精确度大小、风险种类和大小的要求进行设计，保证这些要求得到满足，增加了结论的可靠性。

二是假设检验的结论明确告诉结论的使用者：结论的可靠性是多大，错误的可能性或风险是多大。这样的结论对注册会计师的审计也是一种保护措施。

三是假设检验能把审计中的一些属性问题，如可否信赖、风险、精确程度等都用数量来衡量，从而可建立它们之间的数量关系模型，用数学方法研究它们，有助于提高结论的准确性。

四是假设检验有科学、完善的理论基础，这使测试的方法和结果有科学的理论依据，增加了可信性。

五是假设检验已经形成了规范的程序，按此程序进行的判断过程就是逻辑推理过程，减少了操作过程的错误和随意性，排除了主观性，增加了结论的客观性。

假设检验可以应用于审计的控制性测试，也可用于实质性测试中的细节测试，但它也是有局限性的。假设检验对原假设成立与否的"证明",实际上是一种反证法,但矛盾不是绝对成立的,有时并不能满足审计信息的使用者,也限制了它在某些方面的使用。例如,不适合于揭露贪污舞弊的专案审计,因为它不能揭露差异产生的性质和原因,提供这些审计所要求的充分、确凿的审计证据和全面、准确的审计结论。

基于上述案例分析所表现的假设检验的可信性、准确性和客观性,可以在审计抽样工作中应用假设检验,但同时必须考虑偏差产生的原因和性质,这样才能为得出审计结论提供充分、适当的审计证据。

第五章 方差分析

第一节 方差分析的基本原理

一、方差分析的相关概念

（一）因素

因素也称因子，是指在实验和调查时发生变化的"量"，通常用 A，B，$C\cdots$表示。例如，我们在分析三个不同投资方案的效益时，投资方案就称为因素，方差分析的目的就是分析因素（三个不同投资方案）对投资效益的结果有无明显影响。

（二）水平

因素在实验（经济现象分析）中的不同状态称作水平。如果因素 A 有 r 个不同状态，就称它有 r 个水平，可用 A_1，A_2，$A_3\cdots$，A_r 表示。

（三）交互影响

当同一个实验资料（经济现象资料）的影响因素有两个以上时，这些因素是否相互独立，是否存在相互影响，是进行经济现象分析所必须注意的问题。比如说，分析四个不同品牌（A）的产品在四个不同地区（B）的销售业绩时，如果品牌与地区这两个因素之间存在相互作用（即相互影响），就称为交互影响；如果因素之间是相互独立的，则称为无交互影响。交互影响有时也称为交互作用，可看成是对经济现象变化结果产生作用的一个新因素，在进行经济现象分析时必须单独分离出来。

二、方差的定义与估计

方差就是标准差的平方,是反映现象总体各单位标志值离散程度的指标。在方差分析时,方差是一个总体参数的概念,用 σ^2 表示:

$$\sigma^2 = \frac{SS}{N}$$

(5-1)

如果以一个样本资料计算的只是方差的一个估计值,则称为均方差,用 MS 或 S^2 表示:

$$MS = S^2 = \frac{SS}{df}$$

(5-2)

三、F 分布与 F 检验

(一) F 值

方差分析的基本原理是:通过比较所要分析的因素(或试验处理)的表面效应与其偶然因素的误差效应,进行统计推断,然后作出决策。假设所要分析的因素(或试验处理)的表面效应用 σ_A^2 表示,而偶然因素的误差效应用 σ_e^2 表示,则有 σ_A^2 / σ_e^2,这个比值在数理统计中称为 F 值。也就是数理统计中所说的,在一个平均数为 μ、方差为 σ^2 的正态总体中,随机抽取两个独立样本,分别求得其方差 σ_1^2 和 σ_2^2,将 σ_1^2 和 σ_2^2 的比值定义为 F:

$$F_{(df_1, df_2)} = \sigma_1^2 / \sigma_2^2$$

(5-3)

$$F_{(df_A \cdot df_e)} = \sigma_A^2 / \sigma_e^2$$

(5-4)

（二） F 分布

根据抽样分布理论，如果从正态总体中进行一系列抽样，就可得到一系列的 F 值而形成一个 F 分布。统计理论的研究证明，由于 F 值是一个具有 σ_1^2 的自由度 df_1 和 σ_2^2 的自由度 df_2 共同制约的统计量，所以，F 分布是在给定的 df_1 和 df_2 下进行反复抽样所形成的具有平均数 $\mu_F = 1$ 和取值区间为 $[0, +\infty]$ 的一组曲线，即不同的 df_1 和 df_2 有不同的 F 分布曲线（曲线的形状则仅取决于参数 df_1 和 df_2），其曲线形状如图 5-1 所示。

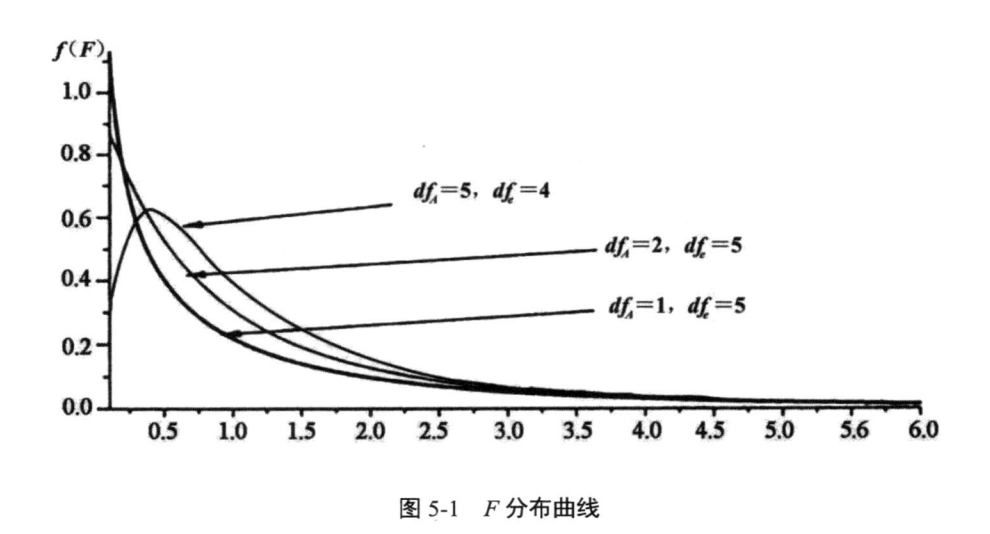

图 5-1 F 分布曲线

（三） F 检验

根据假设检验的理论，用实际计算的 F 值 $\left[F_{(df_1, df_2)} = \sigma_1^2 / \sigma_2^2\right]$ 与临界 F 值 (F_α) 比较来进行决策的方法就称为 F 检验，也叫方差分析。基本方法是：

第一步：建立假设 $H_0: \sigma_1^2 \leqslant \sigma_2^2$，$H_A: \sigma_1^2 > \sigma_2^2$。

第二步：进行统计量计算（F）。

第三步：统计判断（F 与 F_a 进行比较）与决策。

四、多重比较

方差分析结果只能说明各处理之间总体上有（或无）明显差异，而不能说明每两个处理之间都有（或无）明显差异。因此，在实践工作中，往往不仅要了解各处理之间总体上有无实质性差异，还要进一步了解哪些处理之间存在真实差异，从而找出影响最明显的处理。在统计学中把进行多个处理平均数间的复式比较［在有 k 个处理平均数间就有 $k(k-1)/2$ 个比较］称为多重比较。多重比较常用的方法有三种：最小显著差异法、复极差法（q 法）和邓肯氏新复极差法。

第二节　单因素方差分析与应用

一、数据结构

假设有 k 组数据（k 个处理），每组（每个处理）均有 n 个观察值（数据记录），则该资料共有 nk 个观察值（数据记录），那么单因素方差分析的数据结构模式见表 5-1。

表 5-1　每组具有 n 个观察值的 k 组数据的数据表

组别	观察值（x_{ij}）	总和	平均	均方
1	$x_{11}\ x_{12}\ldots\ldots\ldots x_{1n}$	$\sum x_{1j}$	$\bar{x}_1$	S_1^2
2	$x_{21}\ x_{22}\ldots\ldots\ldots x_{2n}$	$\sum x_{2j}$	$\bar{x}_2$	S_2^2
…	… … … … …	…	…	…
k	… … … … …	$\sum x_{kj}$	$\bar{x}_k$	S_k^2
		$\sum\sum x_{ij}$	$\bar{X}$	

注：$i = 1, 2, \cdots, k$；$j = 1, 2, \cdots, n$

二、误差的分解

对表 5-1 数据的结构进行分析可以看出：

nk 个观察值的误差大小可以用其平方和来反映，称为总平方和，用 SS_T 表示。根据平方和的定义有：

为了手工计算和公式记忆的方便，引入"校正数(C_i)"概念，$C_i = \dfrac{(\sum x_i)^2}{n}$

$$SS_T = \sum\sum(\bar{x} - \bar{X})^2 = \sum\sum x^2 - \dfrac{(\sum\sum x)^2}{nk} = \sum\sum x^2 - C_T$$

(5-5)

根据自由度的定义，总变动中能够自由变动的变量值个数为（nk-1）个，称为总自由度，用 df_T 表示。于是有

$$df_T = nk - 1$$

(5-6)

反映各组（处理）间差异大小可以用其相应的平方和来反映，称为组间（处理间）

平方和，用 SS_A 表示。根据平方和的定义有

$$SS_A = n\sum(\bar{x}-\bar{X})^2 = \frac{\sum(\sum x)^2}{n} - \frac{(\sum\sum x)^2}{nk} = \sum C_i - C_T$$

（5-7）

组间差异由 k 个 $\bar{x}_i$ 与 $\bar{X}$ 的离差来反映，根据自由度的定义其自由度为 $k-1$，称为组间（处理间）自由度，用 df_A 表示。于是有

$$df_A = k-1$$

（5-8）

由于各种偶然因素而引起的误差（组内、处理内）大小也可以用其相应的平方和来反映，称为误差（组内、处理内）平方和，用 SS_e 表示。根据平方和的定义有

$$SS_e = \sum\sum(x-\bar{x})^2 = \sum\sum x^2 - \frac{\sum(\sum x)^2}{n} = \sum\sum x^2 - \sum C_i$$

（5-9）

各组内差异由 n 个观察值 x 与其组平均数 $\bar{x}$ 的离差来反映，故每个组都有一个自由度（$n-1$）；当共有 k 组时其误差（组内、处理内）自由度为

$$df_e = k(n-1) = nk - k$$

（5-10）

三、方差估计

根据以上总变异的构成和分解原理，可以建立单因素方差分析模型：

$$总效应\left(\sigma_T^2\right) = 因素效应\left(\sigma_A^2\right) + 误差效应\left(\sigma_e^2\right)$$

（5-11）

由于方差是反映现象总体各单位标志值离散程度的指标,是一个总体参数的概念,而在进行方差分析时都是以样本资料来计算的,因此,往往只能得到方差的估计值,这个估计值称为均方差,用 MS 表示(也可用 S^2 表示)。可见,均方差是样本统计量,是可以通过样本资料计算的。其计算公式为相应的平方和除以相应的自由度,于是有

总的均方差: $MS_T = S_T^2 = \dfrac{SS_T}{df_T} = \dfrac{\sum\sum(x_{ij} - \overline{X})^2}{nk - 1}$

组间的均方差: $MS_A = S_A^2 = \dfrac{SS_A}{df_A} = \dfrac{n\sum(\overline{x}_i - \overline{X})^2}{k - 1}$

组内均方差: $MS_e = S_e^2 = \dfrac{SS_e}{df_e} = \dfrac{\sum\sum(x_{ij} - \overline{x}_i)^2}{k(n - 1)}$

第三节 无交互作用的方差分析

一、数据结构

设有 A、B 两个因素,A 因素取 k 个水平,B 因素取 r 个水平,其数据构成见表5-2。

表 5-2 无交互作用的方差分析数据表

组别		B 因素				$\sum x_j$	$\bar{x}_j$	MS_j
		1	2	⋯	r			
A 因素	1	x_{11}	x_{12}	⋯	x_{1r}	$\sum x_{1j}$	$\bar{x}_{1j}$	MS_{1j}
	2	x_{21}	x_{22}	⋯	x_{2r}	$\sum x_{2j}$	$\bar{x}_{2j}$	MS_{2j}
	⋯	⋯	⋯	⋯	⋯	⋯	⋯	⋯
	k	x_{k1}	x_{k2}	⋯	x_{kr}	$\sum x_{kj}$	$\bar{x}_{kj}$	MS_{kj}
$\sum x_i$		$\sum x_{i1}$	$\sum x_{i2}$	⋯	$\sum x_{ir}$	$\sum\sum x_{ij}$		
$\bar{x}_i$		$\bar{x}_{i1}$	$\bar{x}_{i2}$	⋯	$\bar{x}_{ir}$		$\bar{X}$	
MS_i		MS_{i1}	MS_{i2}	⋯	MS_{ir}			MS_{ij}

注：$i=1,2,\cdots,k; j=1,2,\cdots,r$

二、误差分解

（一）总平方和（SS_T）和自由度（df_T）

计算公式为

$$SS_T = \sum\sum(x_{ij}-\bar{X})^2 = \sum\sum x_{ij}^2 - \frac{(\sum\sum x_{ij})^2}{kr} = \sum\sum x_{ij}^2 - C_T$$

(5-12)

$$df_T = kr-1$$

(5-13)

（二）A 处理间平方和（SS_A）和自由度（df_A）

计算公式为

$$SS_A = r\sum(\bar{x}_i - \bar{X})^2 = \frac{\sum(\sum x_i)^2}{r} - \frac{(\sum\sum x_{ij})^2}{kr} = \sum C_i - C_T$$

（5-14）

$$df_A = k - 1$$

（5-15）

（三）B 处理间平方和（SS_B）和自由度（df_B）

计算公式为

$$SS_B = k\sum(\bar{x}_j - \bar{X})^2 = \frac{\sum(\sum x_j)^2}{k} - \frac{(\sum\sum x_{ij})^2}{kr} = \sum C_j - C_T$$

（5-16）

$$df_B = r - 1$$

（5-17）

（四）误差平方和（SS_e）和自由度（df_e）

计算公式为

$$SS_e = \sum\sum(x - \bar{x})^2 = SS_T - SS_A - SS_B$$

（5-18）

$$df_e = df_T - df_A - df_B \text{ 或 } df_e = (k-1)(r-1)$$

（5-19）

三、方差估计

根据以上总变差的分解，无交互作用的方差分析模型为

$$总效应\left(\sigma_T^2\right) = A\ 因素效应\left(\sigma_A^2\right) + B\ 因素效应\left(\sigma_B^2\right) + 误差效应\left(\sigma_e^2\right)$$

（5-20）

其估计值为相应均方差：

$$MS_T = S_T^2 = \frac{SS_T}{df_T} \qquad MS_A = S_A^2 = \frac{SS_A}{df_A}$$

（5-21）

$$MS_B = S_B^2 = \frac{SS_B}{df_B} \qquad MS_e = S_e^2 = \frac{SS_e}{df_e}$$

（5-22）

四、分析方法

无交互作用的方差分析见表 5-3。

表 5-3　无交互作用的方差分析表

变异来源	自由度 (df)	平方和 (SS)	均方 (MS)	实际计算的 F	分析与结论 F_a	p
A 处理间	$k-1$	$r\sum\left(\bar{x}_i - \bar{X}\right)^2$	MS_A	MS_A / MS_e MS_B / MS_e	$F_{\alpha=0.05}$ 或 $F_{\alpha=0.01}$	有无差异
B 处理间	$r-1$	$k\sum\left(\bar{x}_j - \bar{X}\right)^2$	MS_B			
误差	$(k-1)(r-1)$	$\sum\sum\left(x_{ij} - \bar{x}_i\right)^2$	MS_e			
总变异	$rk-1$	$\sum\left(x_{ij} - \bar{X}\right)^2$				

第四节 有交互作用的方差分析

一、数据结构

设食品包装为 A（取 k 个水平）、居民区为 B（取 r 个水平）、试验重复数为 n，其数据构成见表 5-4。

表 5-4 有交互作用的双因素方差分析数据表

组别		B 因素				$\sum x_j$	$\bar{x}_j$	MS_j
		1	2	...	r			
A 因素	1	x_{111}	x_{121}	...	x_{1r1}	$\sum x_{1j1}$	$\bar{x}_{1j1}$	
		x_{112}	x_{122}	...	x_{1r2}	$\sum x_{1j2}$	$\bar{x}_{1j2}$	
		...	...	...	...	...	...	
		x_{11n}	x_{12n}	...	x_{1rn}	$\sum x_{1jn}$	$\bar{x}_{1jn}$	
		$\sum x_{11l}$	$\sum x_{12l}$	...	$\sum x_{1nl}$			
		$\bar{x}_{11l}$	$\bar{x}_{12l}$	...	$\bar{x}_{1rl}$			
	2	x_{211}	x_{221}	...	x_{2r1}	$\sum x_{2j1}$	$\bar{x}_{2j1}$	
		x_{212}	x_{222}	...	x_{2r2}	$\sum x_{2j2}$	$\bar{x}_{2j2}$	
		...	...	...	...	...	...	
		x_{21n}	x_{22n}	...	x_{2rn}	$\sum x_{2jn}$	$\bar{x}_{2jn}$	
		$\sum x_{21l}$	$\sum x_{22l}$	...	$\sum x_{2rl}$			

续表

组别		B因素				$\sum x_j$	$\bar{x}_j$	MS_j
		1	2	⋯	r			
A因素	⋯	$\bar{x}_{21l}$	$\bar{x}_{22l}$	⋯	$\bar{x}_{2rl}$			
		⋯	⋯	⋯	⋯	⋯	⋯	
	k	x_{k11}	x_{k21}	⋯	x_{kr1}	$\sum x_{kj1}$	$\bar{x}_{kj1}$	
		x_{k12}	x_{k22}	⋯	x_{kr2}	$\sum x_{kj2}$	$\bar{x}_{kj2}$	
		⋯	⋯	⋯	⋯	⋯	⋯	
		x_{k1n}	x_{k2n}	⋯	x_{krn}	$\sum x_{kjn}$	$\bar{x}_{kjn}$	
		$\sum x_{k1l}$	$\sum x_{k2l}$	⋯	$\sum x_{krl}$			
		$\bar{x}_{k1l}$	$\bar{x}_{k2l}$	⋯	$\bar{x}_{krl}$			
$\sum x_i$		$\sum x_{i1}$	$\sum x_{i2}$	⋯	$\sum x_{ir}$	$\sum\sum x_{ij}$		
$\bar{x}_i$		$\bar{x}_{i1}$	$\bar{x}_{i2}$	⋯	$\bar{x}_{ir}$		$\bar{X}$	
MS_i		MS_{i1}	MS_{i2}	⋯	MS_{ir}			MS_{ij}

注：$i=1,2,\cdots,k; j=1,2,\cdots,r; l=1,2,\cdots,n$

二、误差分解

（一）总平方和（SS_T）和总自由度（df_T）

计算公式为

$$SS_T = \sum\sum\sum \left(x_{ijl}-\bar{X}\right)^2 = \sum\sum\sum x_{ijl}^2 - \frac{\left(\sum\sum\sum x_{ijl}\right)^2}{krn} = \sum\sum\sum x_{ijl}^2 - C_T$$

（5-23）

$$df_T = krn - 1$$

(5-24)

（二）A 处理间平方和（SS_A）和自由度（df_A）

计算公式为

$$SS_A = rn\sum(\bar{x}_i - \bar{X})^2 = \frac{\sum(\sum x_i)^2}{rn} - \frac{(\sum\sum\sum x_{ijl})^2}{krn} = \sum C_i - C_T$$

(5-25)

$$df_A = k - 1$$

(5-26)

（三）B 处理间平方和（SS_B）和自由度（df_B）

计算公式为

$$SS_B = kn\sum(\bar{x}_j - \bar{X})^2 = \frac{\sum(\sum x_j)^2}{kn} - \frac{(\sum\sum\sum x_{ijl})^2}{krn} = \sum C_j - C_T$$

(5-27)

$$df_B = r - 1$$

(5-28)

（四）AB 组合间平方和（SS_{AB}）和自由度（df_{AB}）

计算公式为

$$SS_{AB} = n\sum\sum(\bar{x}_{ij} - \bar{X})^2 = \frac{\sum\sum(\sum x_{ij})^2}{n} - \frac{(\sum\sum\sum x_{ijl})^2}{krn} = \sum\sum C_{ij} - C_T$$

(5-29)

$$df_{AB} = kr - 1$$

（5-30）

（五）AB 交互作用平方和（$SS_{A\times B}$）和自由度（$df_{A\times B}$）

计算公式为

$$SS_{A\times B} = SS_{AB} - SS_A - SS_B$$

（5-31）

$$df_{A\times B} = df_A \times df_B$$

（5-32）

（六）误差平方和（SS_e）和自由度（df_e）

计算公式为

$$SS_e = SS_T - SS_{AB}$$

（5-33）

$$df_e = kr(n-1) = krn - kr$$

（5-34）

三、分析方法

有交互作用的方差分析见表 5-5。

表 5-5 有交互作用的方差分析表

变异来源	自由度 (df)	平方和 (SS)	均方 (MS)	实际计算 F	分析与结论 F_α	结论
A 处理	$k-1$	$rn\sum(\bar{x}_i-\bar{X})^2$	MS_A	F_A	$F_{\alpha=0.05}$ 或 $F_{\alpha=0.01}$	有无差异
B 处理	$r-1$	$kn\sum(\bar{x}_j-\bar{X})^2$	MS_B	F_B		
$A\times B$	$(k-1)(r-1)$	$n\sum\sum(\bar{x}_{ij}-\bar{x}_i-\bar{x}_j+\bar{X})^2$	$MS_{A\times B}$	$F_{A\times B}$		
误差	$kr(n-1)$	$SS_e=SS_T-SS_A-SS_B-SS_{A\times B}$	MS_e			
总变异	$km-1$	$\sum\sum\sum(x_{ijl}-\bar{X})^2$				

第五节 随机区组设计的方差分析及其应用

一、随机区组设计的方法和基本模式

（一）随机区组设计的方法

首先，分析实验对象个体间的主要差异，以及哪些方面的差异可能会造成其在实验中测量数据的不同；其次，据此选定一定的标准将实验对象划分为不同的区组，使得每个区组内被试者的差异性尽可能小，即区组内的被试者具有同质性；最后，将每个区组内的被试者随机、均等地分配到各种实验处理中接受测量。

（二）随机设计的基本模式

有 b 个实验处理、实验对象被划分为 a 个区组，每个水平组合有 n 次重复，其中每个区组内的实验对象是实验处理的整数倍（至少为 1 倍，保证一个区组能向每一实验对象处理分配一个实验对象），以便将每个区组中的实验对象随机、均等地分配到各种实验处理中去。

二、随机区组设计的计算公式

随机区组设计的两因素方差分析是把总变异中的离均差平方和 SS 与自由度 v 分别分解成处理间、区组间和误差三部分，其计算公式如下。

（一）离均差平方和 SS

1.总

$$\sum x^2 - C \tag{5-35}$$

2.处理间

$$\sum_{j=1}^{b} \frac{\left(\sum_{i=1}^{a}\sum_{l=1}^{n} x_{ijl}\right)^2}{an} - C \tag{5-36}$$

3.区组间

$$\sum_{i=1}^{a} \frac{\left(\sum_{j=1}^{b}\sum_{l=1}^{n} x_{ijl}\right)^2}{bn} - C \tag{5-37}$$

4.误差

$$SS_{总} - SS_{处理} - SS_{区组} \tag{5-38}$$

（二）自由度 v

1. 总

$$abn-1 \tag{5-39}$$

2. 处理间

$$b-1 \tag{5-40}$$

3. 区组间

$$a-1 \tag{5-41}$$

4. 误差

$$abn-1-(b-1)-(a-1) \tag{5-42}$$

三、实例应用

某教师为了研究四种不同的写作训练方法中，哪种训练方法更有效，按照前一学期历次作文成绩的平均分数，将 36 名学生划分为优良、中等、一般三个写作水平，每个水平均有 12 名学生，而 12 名学生被随机均分到各实验区组，经一学期的写作训练后进行写作能力测试，计算出每一个学生的得分比前一学期历次作文平均分提高的分数，如表 5-6 所示。

表 5-6　研究数据表（成绩提高幅度）

区组 （A 因素）	教学方法（B 因素）				合计 $x_{i..}$
区组 1:优良	15	10	20	12	170(x_1)
	9	6	18	15	
	12	11	25	17	
区组 2:中等	10	15	25	20	212(x_2)
	18	19	30	15	
	12	12	18	18	
区组 3:一般	2	6	10	6	84(x_3)
	6	3	7	8	
	5	7	13	11	
B_j 合计(x_j)	89	89	166	122	466(x)
B_j 平方合计（x_j^2）	1 083	1 081	3 516	1 828	7 508($\sum x^2$)

在表 5-6 中，$x_{ij} = \sum_{l=1}^{n} x_{ijl}$（每个组合 n 次重复之和），$x_i = \sum_{j=1}^{b}\sum_{l=1}^{n} x_{ijl}$（A 因素第 i 水平 bn 个数据之和），$x_j = \sum_{i=1}^{a}\sum_{l=1}^{n} x_{ijl}$（B 因素第 i 水平 an 个数据之和），$x = \sum_{i=1}^{a}\sum_{j=1}^{b}\sum_{l=1}^{n} x_{ijl}$（$abn$ 个数据总和）。A 因素有 a 个水平，B 因素有 b 个水平，共有 ab 个水平组合，每个水平组合有 n 次重复经验，则全试验共有 abn 个观测值。

第六章 正态总体的参数检验

第一节 多变量抽样分布

本节将讨论与多变量正态分布有着密切关系的 Wishart（维沙特）分布，它是单变量统计中 χ^2 分布的自然推广，为了与单变量统计中的诸分布进行比较，下面先介绍关于二次型分布的一些结论。

一、二次型分布

设 $x = (x_1, x_2, \cdots, x_p)' \sim N_p(0, I)$，即 $x_1, x_2, \cdots, x_p$ 相互独立，且 $x_i \sim N(0,1), i = 1, 2, \cdots, p$，则随机变量 $y = x'x = x_1^2 + x_2^2 + \cdots + x_p^2$ 服从中心卡方分布，记为 $x'x \sim \chi^2(p)$，即自由度为 p 的 χ^2 分布。其密度函数是

$$\left(2^{n/2}\Gamma(n/2)\right)^{-1} y^{n/2-1} \exp\{-y/2\}, \quad y > 0$$

（6-1）

若 $x = (x_1, x_2, \cdots, x_p)' \sim N_p(\mu, I)$，则随机变量 $x'x = x_1^2 + x_2^2 + \cdots + x_p^2$ 的分布服从非中心卡方分布，记为 $x'x \sim \chi^2(p, \lambda)$，其中 $\lambda = \mu'\mu = \sum_{i=1}^{p} \mu_i^2$ 称为非中心参数。

若 $x'x \sim \chi^2(p, \lambda)$，则

$$E(x'x) = E[(x'-\mu'+\mu')(x-\mu+\mu)] = E(x'-\mu')(x-\mu) + \mu'\mu = p+\lambda,$$

$$Var(x'x) = 2p + 4\lambda$$

（6-2）

特别的，若 $x'x \sim \chi^2(p)$，则 $E(x'x) = p$，$Var(x'x) = 2p$。

二、二次型分布的一些性质

设 $x \sim N_p(0,I)$，$A' = A$，则 $x'Ax \sim \chi^2(r)$ 的充要条件是 $\boldsymbol{R}(A) = r$，且 $A^2 = A$。

设 $x \sim N_p(0,I)$，A_1, A_2 为对称幂等阵，则 $x'A_1x$ 与 $x'A_2x$ 相互独立的充要条件是 $A_1A_2 = 0$。

设 $x \sim N_p(\mu,I)$，$A_i' = A_i$，$q_i = x'A_ix$，$i = 1,2,\cdots,k$，且 $\sum_{i=1}^{k} A_i = I$，则以下 3 个命题相互等价：① $q_1, q_2, \cdots, q_k$ 相互独立，且均服从非中心卡方分布；② $\sum_{i=1}^{k} \boldsymbol{R}(A_i) = p$；③ $A_i^2 = A_i$，$i = 1,2,\cdots,k$，且 $A_iA_j = 0$，$1 \leqslant i \neq j \leqslant k$。

三、中心 Wishart 分布

Wishart 分布是与多维正态分布有着密切联系的重要的多维分布，它是 Wishart 于 20 世纪 20 年代末提出的，是单变量统计中 χ^2 分布的自然推广，在多变量统计中有重要作用，是多变量统计发展的一个里程碑。这里主要讨论中心 Wishart 分布，非中心

Wishart 分布只作简单介绍。

（一）中心 Wishart 分布

设 $x_1, x_2, \cdots, x_n$ 相互独立且服从 p 维正态分布 $N_p(0, \Sigma)$，其中 $\Sigma > 0, n \geqslant p$。若 $X = (x_1, x_2, \cdots, x_n)' \sim N_{n \times p}(0, \Sigma \otimes I_n)$，则称对称随机矩阵 $W = X'X = \sum_{i=1}^{n} x_i x_i'$ 服从自由度为 n 和 p 的中心 Wishart 分布，记为 $W \sim W_p(n, \Sigma)$。

称随机矩阵 $X = (x_1, x_2, \cdots, x_n)'$ 服从正态分布 $N_{n \times p}(0, \Sigma \otimes I_n)$，实际上表示 $x_1, x_2, \cdots, x_n$ 相互独立且服从 $N_p(0, \Sigma)$，且 $Var(X) \sim N_{n \times p}(0, \Sigma \otimes I_n)$。

同多维正态分布一样，当 $\Sigma \geqslant 0$ 或 $n < p$ 时，称 W 服从奇异的 Wishart 分布。

可以用文字表述为：服从多维正态随机向量的乘积和服从 Wishart 分布。

Wishart 分布的密度函数：若 $W \sim W_p(n, \Sigma)$ 且 $\Sigma > 0$，$n \geqslant p$，则 W 的密度函数是

$$\left(2^{np/2} \Gamma_p(n/2)\right)^{-1} |\Sigma|^{-n/2} |W|^{(n-p-1)/2} \exp\left\{-\operatorname{tr}\left(\Sigma^{-1} W\right)/2\right\}, W > 0$$

（6-3）

其中 $\Gamma_p(n/2) = \pi^{p(p-1)/4} \prod_{i=1}^{p} \Gamma[(n-i+1)/2]$。

当 $p = 1$ 时，设 $\Sigma = \sigma^2$，则一阶 Wishart 分布的密度函数是

$$\left(2^{n/2} \Gamma(n/2)\right)^{-1} \sigma^{-n} W^{n/2-1} \exp\left\{-W/(2\sigma^2)\right\}, \quad W > 0$$

（6-4）

即 $W \sim \sigma^2 \chi^2(n)$。可见，Wishart 分布确是卡方分布的推广。

Wishart 分布的特征函数：若 $W \sim W_p(n, \Sigma)$，则 W 的特征函数是

$$E\left(\mathrm{e}^{\mathrm{itr}(TW)}\right)=\left|I_p-2i\Sigma T\right|^{-n/2}$$

(6-5)

其中 T 为 p 阶实对称矩阵。

（二）非中心 Wishart 分布

非中心 Wishart 分布定义：设 $x_1, x_2, \cdots, x_n$ 相互独立且分别服从 $N_p(\mu_i, \Sigma)$，其中 $\Sigma > 0$，$i=1,2,\cdots,n$，$n \geqslant p$。若 $X=(x_1,x_2,\cdots,x_n)' \sim N_{n\times p}(M, \Sigma \otimes I_n)$，$M=(\mu_1,\mu_2,\cdots,\mu_n)'$，则称对称随机矩阵 $W=X'X$ 服从自由度为 n 和 p、非中心参数为 $\Omega = M'M$ 的非中心 Wishart 分布，记为 $W \sim W_p(n, \Sigma, \Omega)$。

四、Wishart 分布的性质

性质 1：若 $W \sim W_1(n, \sigma_{11})$，则 $W/\sigma_{11} \sim \chi^2(n)$。若 $\sigma_{11}=1$，则 $W_1(n,1)=\chi^2(n)$。

性质 2：设 $W_i \sim W_p(n_i, \Sigma)$，$i=1,2,\cdots,k$ 且相互独立，则 $\sum_{i=1}^{k} W_i \sim W_p(n, \Sigma)$，其中 $n=\sum_{i=1}^{k} n_i$。

证明：由于 $W_i \sim W_p(n_i, \Sigma)$，故存在 $X_i \sim N(0, \Sigma \otimes I_{n_i})$，使 $W_i = X_i'X_i$，$i=1,2,\cdots,k$，且 $X_1, X_2, \cdots, X_k$ 相互独立。令 $X=(X_1', X_2', \cdots, X_k')'$，则 $X \sim N(0, \Sigma \otimes I_n)$，$n=\sum_{i=1}^{k} n_i$，因此

$$W = \sum_{i=1}^{k} W_i = \sum_{i=1}^{k} X_i' X_i \sim W_p(n, \Sigma)$$

（6-6）

性质 3：设 $W \sim W_p(n, \Sigma)$，C 为 $m \times p$ 阶常数矩阵，且 $R(C) = k$，则

$$CWC' \sim W_k(n, C\Sigma C')$$

（6-7）

证明：由于 $W \sim W_p(n, \Sigma)$，存在 $X \sim N_{n \times p}(0, \Sigma \otimes I_n)$，使 $W = X'X$。因此

$$CWC' = (XC')'(XC') \sim W_k(n, C\Sigma C')$$

（6-8）

第二节　均值向量的假设检验

假设检验的基本思想、计算步骤、错判概率等概念无论在单变量统计分析中还是多变量统计分析中都基本相同。例如，在对两个总体作判别分析时，就需要对两个总体的均值向量做检验，看看它们在统计上是否有显著差异，否则做判别分析就毫无意义；有时还需要对两个总体的协方差矩阵是否相等做检验，这涉及要采用何种判别函数进行判别的问题。

在单变量统计分析中，进行假设检验的基本步骤可归纳为以下四个步骤：第一步，提出待检验的假设 H_0 和备择假设 H_1；第二步，给出检验统计量及其分布；第三步，给定显著性水平 α，确定检验的临界值 λ_α，从而给出否定域（或接受域）；第四步，根据样本观测值计算出统计量的值，看看是落在拒绝域还是接受域，以便对假设检验作出决策（拒绝还是接受）。

由下面的分析可知，在多变量统计分析中，进行假设检验的基本步骤也是如此。

一、单个正态总体均值向量的检验

设 $x_1, x_2, \cdots, x_n$ 为取自多元正态总体 $N_p(\mu, \Sigma)$ 的一个样本，这里 $\Sigma > 0$，$n \geqslant p$。μ_0 是已知的 p 维向量，要检验原假设是

$$H_0: \mu = \mu_0 \leftrightarrow H_1: \mu \neq \mu_0 \text{（备择假设）}$$

（6-9）

（一）协方差矩阵 Σ 已知时

由于样本均值 $\bar{x} \sim N_p(\mu, \Sigma/n)$，故当 H_0 为真时，$\sqrt{n}\Sigma^{-1/2}(\bar{x} - \mu_0) \sim N_p(0, I_p)$。于是

$$T^2 = n(\bar{x} - \mu_0)' \Sigma^{-1} (\bar{x} - \mu_0) \sim \chi^2(p)$$

（6-10）

给定显著性水平 α，由样本算得 T^2 的值，当 $T^2_{\text{值}} \geqslant \chi^2_{1-\alpha}(p)$ 时，拒绝 H_0；当 $T^2_{\text{值}} < \chi^2_{1-\alpha}(p)$ 时，接受 H_0。

需要说明的是：在统计软件中会直接给出 $p(\chi^2(p) \geqslant T^2_{\text{值}}) = p$ 值，若 p 值大于 α，说明 T^2 的值落入接受域，因此接受原假设；若 p 值小于等于 α，说明 T^2 的值落入拒绝域，因此拒绝原假设。这样不但免去查表的麻烦，而且还能根据 p 值的大小直接确定显著性水平的级别。

上述检验的合理性可由检验公式直观看出：T^2 中的 $(\bar{x} - \mu_0)' \Sigma^{-1} (\bar{x} - \mu_0)$ 反映的是 $\bar{x}$ 与 μ_0 的接近程度，即马氏距离的平方，这个距离越小，说明 $\bar{x}$ 与 μ_0 越接近，由于 $\bar{x}$ 是 μ 的无偏估计，故真值 μ 与 μ_0 也越接近，因此人们越倾向于接受 H_0；反之，人们则倾向拒绝 H_0。

（二）协方差矩阵 Σ 未知时

当 Σ 未知时，可以用样本协方差矩阵 $S = \dfrac{1}{n-1}\sum\limits_{i=1}^{n}(x_i - \bar{x})(x_i - \bar{x})'$ 作为 Σ 的估计，这时，有

$$T^2 = n(\bar{x} - \mu_0)' S^{-1} (\bar{x} - \mu_0)$$

（6-11）

为 T^2 统计量。当原假设 H_0 为真时，由定理可知

$$\dfrac{n-p}{p(n-1)} T^2 \sim F(p, n-p)$$

（6-12）

对给定的显著性水平 α，根据样本算得 T^2 的值，当 $\dfrac{n-p}{p(n-1)} T^2_{值} \geqslant F_{1-\alpha}(p, n-p)$ 时，拒绝 H_0；当 $\dfrac{n-p}{p(n-1)} T^2_{值} < F_{1-\alpha}(p, n-p)$ 时，接受 H_0。这时拒绝域是

$$D = \left\{ \dfrac{n-p}{p(n-1)} T^2 \geqslant F_{1-\alpha}(p, n-p) \right\}$$

（6-13）

接受域是

$$\bar{D} = \left\{ \dfrac{n-p}{p(n-1)} T^2 < F_{1-\alpha}(p, n-p) \right\}$$

（6-14）

如果使用统计软件，则统计软件会直接给出检验的 p 值（显著性），检验 p 值的计算式如下：

$$p = p(T^2 \geqslant T^2_{值}) \text{ 或 } p = p(F \geqslant F_{值})$$

（6-15）

若 $p \leqslant \alpha$，说明 T^2 值（F 值）落入拒绝域，因此拒绝原假设；若 $p > \alpha$，说明 T^2 值（F 值）落入接受域，因此接受原假设。

二、置信区域

由假设检验知，拒绝域是 $D = P\left\{\dfrac{n-p}{p(n-1)} T^2 \geqslant F_{1-\alpha}(p, n-p)\right\}$，当根据样本算得的值落入拒绝域 D，则拒绝 H_0。接受域是 $\bar{D} = P\left\{\dfrac{n-p}{p(n-1)} T^2 < F_{1-\alpha}(p, n-p)\right\}$，整理，得

$$P\left\{n(\bar{x} - \mu_0)' S^{-1}(\bar{x} - \mu_0) < \dfrac{p(n-1)}{n-p} F_{1-\alpha}(p, n-p)\right\} = 1 - \alpha$$

（6-16）

令 $T^2_{1-\alpha} = \dfrac{p(n-1)}{n-p} F_{1-\alpha}(p, n-p)$，可得关于 μ 的置信度为 $1-\alpha$ 的置信区域为

$$\left\{\mu \mid n(\bar{x} - \mu)' S^{-1}(\bar{x} - \mu) < T^2_{1-\alpha}\right\}$$

（6-17）

μ 落入这个区域的概率为 $1-\alpha$。

当 $p=1$ 时，它就是一个区间，这是在单变量分析中所熟知的结论；当 $p=2$ 时，它是一个椭圆，这时在平面坐标上可以把它画出来；当 $p=3$ 时，它是空间中的一个椭球；当 $p>3$ 时，它是一个超椭球。

三、联合置信区间

在实际应用中，人们常对为数不多的置信区间感兴趣。

如果在 $T^2 = n(\bar{x}-\mu_0)' S^{-1}(\bar{x}-\mu_0)$ 中以 μ 代替 μ_0，并利用

$$p\left\{\mu \mid n(\bar{x}-\mu)'S^{-1}(\bar{x}-\mu) \leqslant T_{1-\alpha}^2\right\} = 1-\alpha$$

（6-18）

可得

$$a'\bar{x} - T_{1-\alpha}\sqrt{a'Sa}/\sqrt{n} \leqslant a'\mu \leqslant a'\bar{x} + T_{1-\alpha}\sqrt{a'Sa}/\sqrt{n}$$

（6-19）

以 $1-\alpha$ 的概率对一切 $a \in \mathbf{R}^p$ 成立，称为一切线性组合 $\{a'\mu,\ a \in \mathbf{R}^p\}$ 的置信度为 $1-\alpha$ 的联合置信区间，文献中常称为 Scheffe（舍菲）同时置信区间。

有时，为了提高置信区间的精确度，也可使用 Bonferroni（邦弗伦尼）联合置信区间：

$$a'\bar{x} - t_{1-\alpha/2k}(n-1)\sqrt{a'Sa}/\sqrt{n} \leqslant a'\mu \leqslant a'\bar{x} + t_{1-\alpha/2k}(n-1)\sqrt{a'Sa}/\sqrt{n}$$

（6-20）

上式与式（6-19）不同之处在于前者用 $t_{1-\alpha/2k}(n-1)$ 代替 $T_{1-\alpha}$。因此，若 $t_{1-\alpha/2k}(n-1) \leqslant T_{1-\alpha}$，则 Bonferroni 区间比 Scheffe 区间要窄，这时用前者作为置信区间更合适；反之，若 $t_{1-\alpha/2k}(n-1) > T_{1-\alpha}$，则用后者作为置信区间更合适。

四、两总体均值的比较推断

设有两个正态总体 $N_p(\mu_1,\Sigma)$，$N_p(\mu_2,\Sigma)$，从中各自独立地抽取一个样本

$x_1, x_2, \cdots, x_{n_1}$ 和 $y_1, y_2, \cdots, y_{n_2}$，$\Sigma > 0$。如果想判断两个总体的均值是否相等，这时要检验的假设就是

$$H_0: \mu_1 = \mu_2 \leftrightarrow H_1: \mu_1 \neq \mu_2$$

(6-21)

下面寻找所要的检验统计量。

设 $\bar{x} = \dfrac{1}{n_1}\sum_{i=1}^{n_1} x_i$，$\bar{y} = \dfrac{1}{n_2}\sum_{i=1}^{n_2} y_i$，则 $\bar{x} \sim N_p\left(\mu_1, \dfrac{1}{n_1}\Sigma\right)$，$\bar{y} \sim N_p\left(\mu_2, \dfrac{1}{n_2}\Sigma\right)$，$\bar{x} - \bar{y} \sim N_p\left(\mu_1 - \mu_2, \left(\dfrac{1}{n_1} + \dfrac{1}{n_2}\right)\Sigma\right)$。

若 Σ 未知，可以使用 Σ 的联合无偏估计量 $S_p = \dfrac{(n_1-1)S_1 + (n_2-1)S_2}{n_1 + n_2 - 2}$ 作为估计，

其中 $(n_1-1)S_1 = \sum_{i=1}^{n_1}(x_i - \bar{x})(x_i - \bar{x})'$，$(n_2-1)S_2 = \sum_{i=1}^{n_2}(y_i - \bar{y})(y_i - \bar{y})'$。

令 $A = (n_1-1)S_1 + (n_2-1)S_2$，$A \sim W_p(n_1 + n_2 - 2, \Sigma)$，有 $\sqrt{\dfrac{n_1 n_2}{n_1 + n_2}}(\bar{x} - \bar{y}) \sim N_p\left(\sqrt{\dfrac{n_1 n_2}{n_1 + n_2}}, \Sigma\right)$。

五、多个正态总体均值向量的检验

多变量方差分析是单变量方差分析的推广，为此先简单介绍单变量方差分析的有关概念和步骤。

（一）单变量方差分析

设有 k 个正态总体分别为 $N(\mu_1, \sigma^2), \cdots, N(\mu_k, \sigma^2)$，从第 i 个总体中抽取 n_i 个独

立样本：

$$x_1: x_{11}, x_{12}, \cdots, x_{1n_1}; \quad \overline{x}_1 = \frac{1}{n_1}\sum_{j=1}^{n_1} x_{1j};$$

$$x_2: x_{21}, x_{22}, \cdots, x_{2n_2}; \quad \overline{x}_2 = \frac{1}{n_2}\sum_{j=1}^{n_2} x_{2j};$$

$$x_k: x_{k1}, x_{k2}, \cdots, x_{kn_k}; \quad \overline{x}_k = \frac{1}{n_k}\sum_{j=1}^{n_k} x_{kj}。$$

记 $\overline{x} = \frac{1}{n}\sum_{i=1}^{k} n_i \overline{x}_i = \frac{1}{n}\sum_{i=1}^{k}\sum_{j=1}^{n_i} x_{ij}$，$n = \sum_{i=1}^{k} n_i$。下面要检验的原假设和备择假设分别是

$$H_0: \mu_1 = \mu_2 = \cdots = \mu_k \leftrightarrow H_1: 至少有 i \neq j, 使 \mu_i \neq \mu_j$$

（6-22）

在 H_0 成立时，使用的检验统计量是

$$F = \frac{SSA/(k-1)}{SSE/(n-k)} \sim F(k-1, n-k)$$

（6-23）

其中 $SSA = \sum_{i=1}^{k} n_i (\overline{x}_i - \overline{x})^2$ 是组间平方和，$\frac{SSA}{\sigma^2} \sim \chi^2(k-1)$；$SSE = \sum_{i=1}^{k}\sum_{j=1}^{n_i}(x_{ij} - \overline{x}_i)^2$ 是组内平方和，$\frac{SSE}{\sigma^2} \sim \chi^2(n-k)$；$SSA$ 与 SSE 相互独立。$SST = \sum_{i=1}^{k}\sum_{j=1}^{n_i}(x_{ij} - \overline{x})^2$ 是总平方和，则 $\frac{SST}{\sigma^2} = \frac{SSA}{\sigma^2} + \frac{SSE}{\sigma^2} \sim \chi^2(n-1)$。

对给定的显著性水平 α，查 F 分布表，得 $F_{1-\alpha}(k-1, n-k)$。根据样本值算得统计量的值 $F_值$，若 $F_值 \geqslant F_{1-\alpha}$，则拒绝原假设 H_0；若 $F_值 < F_{1-\alpha}$，则接受原假设 H_0。

在具体计算时，SSA 与 SSE 的计算可简化为

$$SST = \sum_{i=1}^{k}\sum_{j=1}^{n_i} x_{ij}^2 - n\bar{x}^2, f_T = n-1 \tag{6-24}$$

$$SSA = \sum_{i=1}^{k} x_{ij}^2 / n_i - n\bar{x}^2, f_A = k-1 \tag{6-25}$$

$$SSE = SST - SSA, \quad f_e = f_T - f_A = n-k \tag{6-26}$$

（二）多个正态总体均值向量的假设检验

设有 k 个 p 维正态总体 $N_p(\mu_1,\Sigma)$，$N_p(\mu_2,\Sigma),\cdots,N_p(\mu_k,\Sigma)$，从每个总体随机抽取独立样品个数分别为 $n_1,n_2,\cdots,n_k$，每个总体的 n_i 个样品的观测数据如下：

$$x_1 : x_{11}, x_{12}, \cdots, x_{1n_1}; \quad \bar{x}_1 = \frac{1}{n_1}\sum_{j=1}^{n_1} x_{1j} \tag{6-24}$$

$$x_2 : x_{21}, x_{22}, \cdots, x_{2n_2}; \quad \bar{x}_2 = \frac{1}{n_2}\sum_{j=1}^{n_2} x_{2j} \tag{6-28}$$

$$x_k : x_{k1}, x_{k2}, \cdots, x_{kn_k}; \quad \bar{x}_k = \frac{1}{n_k}\sum_{j=1}^{n_k} x_{kj} \tag{6-29}$$

注意：这里每个 x_{ij} 都是 p 维随机向量 $x_{ij} = (x_{ij1}, x_{ij2}, \cdots, x_{ijp})'$，$\bar{x} = \frac{1}{n}\sum_{i=1}^{k} n_i \bar{x}_i = \frac{1}{n}\sum_{i=1}^{k}\sum_{j=1}^{n_i} x_{ij}$，$n = \sum_{i=1}^{k} n_i$。

第三节　协方差矩阵的假设检验

一、单个正态总体的协方差阵检验

设 $x_1, x_2, \cdots, x_n$ 是来自多元正态总体 $N_p(\mu, \Sigma), n > p$，$\Sigma > 0$ 的一个样本，μ，Σ 都是未知的，要检验的假设是

$$H_0 : \Sigma = \Sigma_0 \leftrightarrow H_1 : \Sigma \neq \Sigma_0$$

（6-30）

公式中 Σ_0 为给定的正定矩阵。

因为 Σ_0 正定，故存在可逆矩阵 P，使 $P\Sigma_0 P' = I$，于是 $y_i = Px_i$，$i = 1, 2, \cdots, n$，则 $y_i \sim N_p(P\mu, P\Sigma P') = N_p(\mu^*, \Sigma^*)$。这时，要检验的假设（6-30）就变为以下假设：

$$H_0 : \Sigma^* = I \leftrightarrow H_1 : \Sigma^* \neq I$$

（6-31）

为了对式（6-30）或式（6-31）做检验，需要寻找相应的检验统计量。

定理 1：设 $x_1, x_2, \cdots, x_n$ 为取自总体 $N_p(\mu, \Sigma), n > p$，$\Sigma > 0$ 的样本，检验假设（6-30）的似然比统计量为

$$\Lambda = (e/n)^{np/2} \left| \Sigma_0^{-1} A \right|^{n/2} \exp\left\{ -\frac{1}{2} tr\left(\Sigma_0^{-1} A \right) \right\}$$

（6-32）

其中 $A = \sum_{i=1}^{n}(x_i - \bar{x})(x_i - \bar{x})'$，$\bar{x} = \frac{1}{n}\sum_{i=1}^{n} x_i$。

证明：因为 Σ_0 为给定的正定矩阵，作变换 $y_i = \Sigma_0^{-1/2} x_i$，$i = 1, 2, \cdots, n$，则

$$y_i \sim N_p\left(\Sigma_0^{-1/2}\mu, \Sigma_0^{-1/2}\Sigma\Sigma_0^{-1/2}\right) = N_p\left(\mu^*, \Sigma^*\right)$$

(6-33)

要检验的假设

$$H_0: \Sigma = \Sigma_0 \leftrightarrow H_1: \Sigma \neq \Sigma_0$$

(6-34)

就变为检验假设

$$H_0: \Sigma^* = I \leftrightarrow H_1: \Sigma^* \neq I$$

(6-35)

这时样本的似然函数是

$$L\left(\mu^*, \Sigma^*\right) = (2\pi)^{-np/2} |\Sigma^*|^{-n/2} \exp\left\{-\frac{1}{2}tr\left[\Sigma^{*-1}\left(\Sigma(y_i - \mu^*)(y_i - \mu^*)'\right)\right]\right\}$$

(6-36)

参数空间是 $\Theta = \{(\mu^*, \Sigma^*): \mu^* \in \mathbf{R}^p, \Sigma^* > 0\}$。在 H_0 成立的条件下，有

$$\Theta_0 = \{(\mu^*, \Sigma^*): \mu^* \in \mathbf{R}^p, \Sigma^* = I\}$$

(6-37)

于是由定理 1 可知

$$\max_{(\mu', \Sigma^*) \in \Theta} L\left(\mu^*, \Sigma^*\right) = (2\pi/n)^{-np/2} |B|^{-n/2} \exp\left\{-\frac{1}{2}np\right\}$$

(6-38)

其中 $\boldsymbol{B} = \sum_{i=1}^{n}(y_i - \bar{y})(y_i - \bar{y})'$，$\bar{y} = \sum_{i=1}^{n} y_i / n$。

$$\max_{(\mu', \Sigma^*) \in \Theta_0} L\left(\mu^*, \Sigma^*\right) = (2\pi)^{-np/2} \exp\left\{-\frac{1}{2}tr\boldsymbol{B}\right\}$$

(6-39)

因此得似然比统计量

$$\Lambda = \frac{\max_{(\mu^*,\Sigma^*)\in\Theta} L(\mu^*,\Sigma^*)}{\max_{(\mu^*,\Sigma^*)\in\Theta_0} L(\mu^*,\Sigma^*)} = (\mathrm{e}/n)^{np/2} |\boldsymbol{B}|^{n/2} \exp\left\{-\frac{1}{2}tr(\boldsymbol{B})\right\}$$

（6-40）

由于 $\boldsymbol{B} = \sum_{i=1}^{n}(y_i - \bar{y})(y_i - \bar{y})' = \Sigma_0^{-1/2}\sum_{i=1}^{n}(x_i - \bar{x})(x_i - \bar{x})'\Sigma_0^{-1/2} = \Sigma_0^{-1/2}A\Sigma_0^{-1/2}$，所以

$|\boldsymbol{B}| = |\Sigma_0^{-1/2}A\Sigma_0^{-1/2}| = |\Sigma_0^{-1}A|$, $tr(\boldsymbol{B}) = tr(\Sigma_0^{-1/2}A\Sigma_0^{-1/2}) = tr(\Sigma_0^{-1}A)$

（6-41）

因此

$$\Lambda = (\mathrm{e}/n)^{np/2} |\Sigma_0^{-1}A|^{n/2} \exp\left\{-\frac{1}{2}tr(\Sigma_0^{-1}A)\right\}$$

（6-42）

注意：以 Λ 为基础的似然比检验不是无偏的，但把 Λ 中的 n 换为 $n-1$ 所得的统计量是无偏的，记为 Λ^*，即 $\Lambda^* = (\mathrm{e}/(n-1))^{(n-1)p/2} |\Sigma_0^{-1}A|^{(n-1)/2} \exp\left\{-\frac{1}{2}tr(\Sigma_0^{-1}A)\right\}$。$\Lambda^*$ 统计量等价于统计量 $-2\ln\Lambda^*$。$-2\ln\Lambda^*$ 的极限分布是 χ^2 分布。

定理2：在 H_0 为真时，$-2\ln\Lambda^*$ 的极限分布是自由度为 $p(p+1)/2$ 的 χ^2 分布。

有了定理2，可以给出进行检验的具体步骤：

第一，提出要检验的假设 $H_0: \Sigma = \Sigma_0$；

第二，取 $-2\ln\Lambda^*$ 为检验统计量，在 H_0 为真时，极限分布为 $\chi^2(p(p+1)/2)$ 分布；

第三，对给定的显著性水平 α，查表得 χ^2 分布的上 α 分位点 $\chi^2_{1-\alpha}(f)$，$f = p(p+1)/2$；

第四，根据样本算得 Λ^* 值，若 $-2\ln\Lambda^* \geqslant \chi^2_{1-\alpha}(f)$，则拒绝原假设 H_0，否则接受原

假设。

在利用统计软件时会直接计算 $p\left(\chi^2(f) \geq -2\ln A_{\text{值}}^*\right) = p$ 值，若 p 值大于 α，则接受原假设；若 p 值小于等于 α，则拒绝原假设。

二、球形检验

设 $x_1, x_2, \cdots, x_n$ 是来自多维正态总体 $N_p(\mu, \Sigma), n > p$，$\Sigma > 0$ 的一个样本，μ，Σ 都是未知的。要检验的假设是

$$H_0 : \Sigma = \sigma^2 \Sigma_0 \leftrightarrow H_1 : \Sigma \neq \sigma^2 \Sigma_0$$

（6-43）

公式中 Σ_0 为给定的正定矩阵；σ^2 为未知正数。

因为 Σ_0 正定，故存在可逆矩阵 P，使 $P\Sigma_0 P' = I$，于是令 $y_i = Px_i, i = 1, 2, \cdots, n$，则 $y_i \sim N_p(P\mu, P\Sigma P') = N_p(\mu^*, \Sigma^*)$。这时，要检验的假设就变为以下假设：

$$H_0 : \Sigma^* = \sigma^2 I \leftrightarrow H_1 : \Sigma^* \neq \sigma^2 I$$

（6-44）

当 H_0 为真时，说明随机向量的各分量之间相互独立，有相同的未知方差 σ^2。如果说原来正态密度的等值面是一个椭球面，即 $(y - \mu^*)' \Sigma^{*-1} (y - \mu^*) = c$，其中 c 是常数，则在 H_0 为真时，它就转化为球面 $(y - \mu^*)'(y - \mu^*) = c\sigma^2$。因常称此检验为 Bartlett（巴特莱特）球形检验，这是检验数据是否适用于主成分分析或因子分析的一种方法。

定理 3：设 $x_1, x_2, \cdots, x_n$ 取自总体 $N_p(\mu, \Sigma)$，$n > p$，$\Sigma > 0$ 的样本，μ，Σ 都是未知的。检验假设的似然比统计量为

$$\Lambda = \left|\Sigma_0^{-1}A\right|^{n/2} / \left[tr\left(\Sigma_0^{-1}A\right)/p\right]^{np/2}$$

（6-45）

若令

$$W = \Lambda^{2/n} = p^p \left|\Sigma_0^{-1}A\right| / \left[tr\left(\Sigma_0^{-1}A\right)\right]^p$$

（6-46）

则该统计量与原统计量等价。把 W 中的 n 换为 $n-1$ 所得的统计量是无偏的。

三、多个协方差矩阵相等的检验

设有 k 个 p 元正态总体叫 $N_p(\mu_1,\Sigma_1),\cdots,N_p(\mu_k,\Sigma_k)$，$x_{ij}$，$j=1,2,\cdots,n_i$ 是从第 i 个总体抽出的样本，$i=1,2,\cdots,k$，其中 $\mu_1,\mu_2,\cdots,\mu_k$ 和 $\Sigma_1,\Sigma_2,\cdots,\Sigma_k$ 都未知，$\Sigma_i > 0$，$i=1,2,\cdots,k$。

这时要检验的假设是

$$H_0: \Sigma_1 = \Sigma_2 = \cdots = \Sigma_k = \Sigma \leftrightarrow H_1: 至少存在某 i \neq j 使 \Sigma_i \neq \Sigma_j$$

（6-47）

公式中 Σ 为某个未知的正定矩阵。

记 $\bar{x}_i = \frac{1}{n_i}\sum_{j=1}^{n_i}x_{ij}$，$A_i = \sum_{j=1}^{n_i}(x_{ij}-\bar{x}_i)(x_{ij}-\bar{x}_i)'$，$A = \sum_{i=1}^{k}A_i$，$n = \sum_{i=1}^{k}n_i$。

定理 4：设 x_{ij}，$j=1,2,\cdots,n_i$ 为取自总体 $N_p(\mu_i,\Sigma_i)$ 的容量为 $n_i(>p)$ 的样本，$i=1,2,\cdots,k$，且这 k 个样本相互独立，则检验假设的似然比统计量为

$$\Lambda = \frac{\prod_{i=1}^{k}|A_i|^{n_i/2}}{|A|^{n/2}} \cdot \frac{n^{np/2}}{\prod_{i=1}^{k}n_i^{n_ip/2}}$$

（6-48）

证明：在已知条件下，参数空间是

$$\Theta = \left\{ (\mu_1, \mu_2, \cdots \mu_k; \Sigma_1, \Sigma_2, \cdots, \Sigma_k) : \mu_i \in \boldsymbol{R}^p, \Sigma_i > 0, i = 1, 2, \cdots, k \right\}$$

(6-49)

当 H_0 成立时，参数空间是

$$\Theta_0 = \left\{ (\mu_1, \mu_2, \cdots \mu_k; \Sigma_1, \Sigma_2, \cdots, \Sigma_k) : \mu_i \in \boldsymbol{R}^p, \quad \Sigma_i = \Sigma > 0, \quad i = 1, 2, \cdots, k \right\}$$

(6-50)

样本的似然函数是

$$L(\mu_1, \cdots, \mu_k; \Sigma_1, \cdots, \Sigma_k) = \prod_{i=1}^{k} L(\mu_i; \Sigma_i)$$

$$= (2\pi)^{-np/2} \prod_{i=1}^{k} |\Sigma_i|^{-n_i p/2} \exp\left\{ -\frac{1}{2} tr\left[\Sigma_i^{-1} \left(\sum_{j=1}^{n_i} (x_{ij} - \mu_i)(x_{ij} - \mu_i)' \right) \right] \right\}$$

(6-51)

要使 $L(\mu_1, \cdots, \mu_k; \Sigma_1, \cdots, \Sigma_k)$ 极大化，只要使每个 $L(\mu_i; \Sigma_i)$ 极大化。于是有

$$\max_{\Theta} L(\mu_1, \cdots, \mu_k; \Sigma_1, \cdots, \Sigma_k) = \prod_{i=1}^{k} L(\bar{x}_i; A_i / n_i)$$

$$= \prod_{i=1}^{k} (2\pi)^{-n_i p/2} \prod_{i=1}^{k} |A_i / n_i|^{-n_i p/2} e^{-n_i p/2} = (2\pi)^{-np/2} e^{-np/2} \prod_{i=1}^{k} |A_i / n_i|^{-n_i p/2}$$

(6-52)

于是

$$\Lambda = \frac{\max\limits_{\Theta_o} L(\mu_1, \cdots \mu_k; \Sigma, \cdots, \Sigma)}{\max\limits_{\Theta} L(\mu_1, \cdots \mu_k; \Sigma_1, \cdots, \Sigma_k)} \cdot \frac{|A/n|^{n/2}}{\prod\limits_{i=1}^{k} |A_i / n_i|^{n_i/2}} = \frac{\prod\limits_{i=1}^{k} |A_i|^{n_i/2}}{|A|^{n/2}} \cdot \frac{n^{np/2}}{\prod\limits_{i=1}^{k} n_i^{n_i p/2}}$$

(6-53)

注意：以 Λ 为基础的似然比检验不是无偏的，如果把 Λ 中的 n_i 修正为 $n_i - 1$，而

n 修正为 $n-k$，记修改后的 Λ 为 Λ^*，即

$$\Lambda^* = \frac{\prod_{i=1}^{k}|A_i|^{(n_i-1)/2}}{|A|^{(n-k)/2} \cdot \dfrac{(n-k)^{(n-k)p/2}}{\prod_{i=1}^{k}(n_i-1)^{(n_i-1)p/2}}}$$

（6-54）

定理 5：在式（6-52）中，原假设 H_0 为真时，当 $n \to \infty$，以及 $\lim\limits_{n \to \infty} \dfrac{n_i}{n} > 0$ 时，$a\boldsymbol{M} = -2a\ln\Lambda^*$ 渐近服从 $\chi^2(f)$，其中，自由度 $f = p(p+1)(k-1)/2$，a 如下式所示：

$$a = \begin{cases} 1 - \dfrac{2p^2+3p-1}{6(p+1)(k-1)}\left(\sum_{i=1}^{k}\dfrac{1}{n_i-1} - \dfrac{1}{n-k}\right), & n_i \text{不全相等} \\ 1 - \dfrac{(2p^2+3p-1)(k+1)}{6(p+1)(n-k)}, & n_1 = n_2 = \cdots = n_k \end{cases}$$

（6-55）

实际上，$\boldsymbol{M}$ 也近似服从 $\chi^2(f_1, f_2)$，其中

$$f_1 = p(p+1)(k-1)/2, \quad q = f_1/(a - f_1/f_2)$$

（6-56）

$$f_2 = \frac{f_1+2}{b-(1-a)^2}, b = \begin{cases} \dfrac{(p-1)(p+2)}{6(k-1)}\left(\sum_{i=1}^{k}\dfrac{1}{(n_i-1)^2} - \dfrac{1}{(n-k)^2}\right), & \text{不全相等} \\ \dfrac{(p-1)(p+2)(k^2+k+1)}{6(n-k)^2}, & n_1 = n_2 = \cdots = n_k \end{cases}$$

（6-57）

第七章 主成分分析

主成分分析也称主分量分析，是由霍特林（Hotelling Harold）于20世纪30年代首先提出的。主成分分析是利用降维的思想，在损失很少信息的前提下把多个指标转化为几个综合指标的多元统计方法。通常转化生成的综合指标称为主成分，其中每个主成分都是原始变量的线性组合，且各个主成分之间互不相关，这就使得主成分具有某些比原始变量更优越的性能。这样在研究复杂问题时，就可以只考虑少数几个主成分而不至于损失太多信息，从而更容易抓住主要矛盾，揭示事物内部变量之间的规律性，同时使问题得到简化，提高分析效率。

第一节 主成分分析概述

一、主成分分析的基本思想

在对某一事物进行实证研究时，为了更全面、准确地反映出事物的特征及其发展规律，人们往往要考虑与其有关系的多个指标，这些指标在多元统计中也称为变量。这样就产生了如下问题：一方面，人们为了避免遗漏重要的信息而考虑尽可能多的指标；另一方面，考虑指标的增多增加了问题的复杂性，同时由于各指标均是对同一事物的反映，不可避免地造成信息的大量重叠，这种信息的重叠有时甚至会抹杀事物的真正特征与内在规律。基于上述问题，人们希望在定量研究中涉及的变量较少，而得到的信息量又较多。主成分分析正是研究如何通过原来变量的少数几个线性组合来解释原来变量绝大多数信息的一种多元统计方法。

既然研究某一问题涉及的众多变量之间有一定的相关性，就必然存在起支配作用的共同因素，根据这一点，通过对原始变量相关矩阵或协方差矩阵内部结构关系的研究，利用原始变量的线性组合形成几个综合指标（主成分），在保留原始变量主要信息的前提下起到降维与简化问题的作用，使得在研究复杂问题时更容易抓住主要矛盾。利用主成分分析得到的主成分与原始变量之间有如下基本关系：每一个主成分都是各原始变量的线性组合；主成分的数目大大少于原始变量的数目；主成分保留了原始变量绝大多数信息；各主成分之间互不相关。

通过主成分分析，可以从事物之间错综复杂的关系中找出一些主要成分，从而能有效利用大量统计数据进行定量分析，揭示变量之间的内在关系，得到对事物特征及其发展规律的一些深层次的启发。

二、主成分分析的基本理论

设对某一事物的研究涉及 p 个指标，分别用 $X_1, X_2, \cdots, X_p$ 表示，这 p 个指标构成的 p 维随机向量为 $\boldsymbol{X} = (X_1, X_2, \cdots, X_p)'$。设随机向量的均值为 μ，协方差矩阵为 Σ。

对 X 进行线性变换，可以形成新的综合变量，用 Y 表示，也就是说，新的综合变量可以用原来的变量线性表示，即满足下式：

$$\begin{cases} Y_1 = \mu_{11}X_1 + \mu_{21}X_2 + \cdots + \mu_{p1}X_p \\ Y_2 = \mu_{12}X_1 + \mu_{22}X_2 + \cdots + \mu_{p2}X_p \\ \cdots \\ Y_p = \mu_{1p}X_1 + \mu_{2p}X_2 + \cdots + \mu_{pp}X_p \end{cases}$$

（7-1）

由于可以任意地对原始变量进行上述线性变换，由不同的线性变换得到的综合变量 Y 的统计特性也不尽相同，因此，为了取得较好的效果，我们总是希望 $Y_i = \mu_i' \boldsymbol{X}$ 的方差尽可能大且各 Y_i 之间互相独立，由于

$$Var(Y_i) = Var(\mu_i' X) = \mu_i' \Sigma \mu_i$$

（7-2）

而对任给的常数 c，有

$$Var(c\mu_i'X) = c^2\mu_i'\Sigma\mu_i$$

（7-3）

因此，对 μ_i 不加限制时，可使 $Var(Y_i)$ 任意增大，问题将变得没有意义。

我们将线性变换约束在下面的原则之下：

第一，$\mu_i'\mu_i = 1 \quad (i=1,2,\cdots,p)$；

第二，Y_i 与 Y_j 无关，$(i \neq j; i,j=1,2,\cdots,p)$；

第三，Y_1 是 $X_1, X_2, \cdots, X_p$ 的一切线性组合中方差最大者；Y_2 是与 Y_1 不相关的 $X_1, X_2, \cdots, X_p$ 所有线性组合中方差最大者；Y_p 是与 $Y_1, Y_2, \cdots, Y_{p-1}$ 都不相关的 $X_1, X_2, \cdots, X_p$ 的所有线性组合中方差最大者。

基于以上三条原则决定的综合变量 $X_1, X_2, \cdots, X_p$ 分别称为原始变量的第一个主成分，第二个主成分，……，第 p 个主成分。其中，各综合变量在总方差中占的比重依次递减，在实际研究工作中，通常只挑选前几个方差最大的主成分，从而达到简化系统结构、抓住问题实质的目的。

三、主成分分析的几何意义

由上面的介绍可知，在处理涉及多个指标问题的时候，为了提高分析的效率，可以不直接对 p 个指标构成的 p 维随机向量 $\boldsymbol{X} = (X_1, X_2, \cdots, X_p)'$ 进行分析，而是先对向量 $\boldsymbol{X}$ 进行线性变换，形成少数几个新的综合变量 $X_1, X_2, \cdots, X_p$，使得各综合变量之间相互独立且能解释原始变量尽可能多的信息。这样，在以损失很少一部分信息为代价的前提下，可以达到简化数据结构、提高分析效率的目的。为了方便起见，我们仅在二维空间中讨论主成分的几何意义，所得结论可以很容易地扩展到多维的情况。

设有 N 个样品，每个样品有两个观测变量 X_1, X_2，这样，在由变量 X_1, X_2 组成的坐标空间中，N 个样品点散布的情况如带状，如图 7-1 所示。

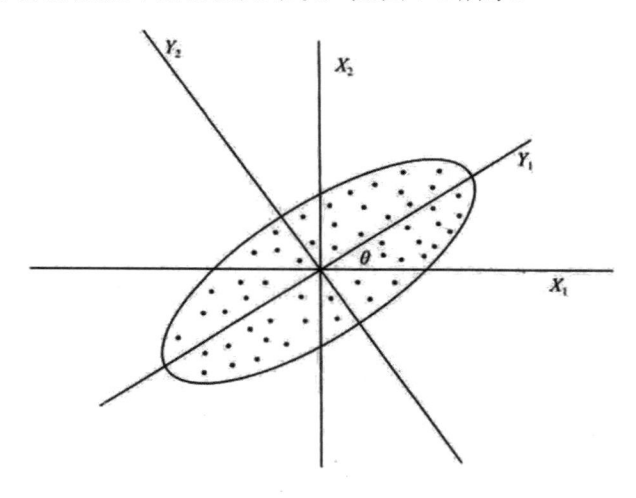

图 7-1　样品点散布图

由图 7-1 可以看出这 N 个样品无论沿 X_1 轴方向还是沿 X_2 轴方向均有较大的离散性，其离散程度可以分别用观测变量 X_1 的方差和 X_2 的方差定量地表示。显然，若只考虑 X_1 和 X_2 中的任何一个，原始数据中的信息均会有较大的损失。我们的目的是考虑 X_1 和 X_2 的线性组合，使得原始样品数据可以由新的变量 Y_1 和 Y_2 来刻画。在几何上表示就是将坐标轴按逆时针方向旋转 θ 角度，得到新坐标轴 Y_1 和 Y_2，坐标旋转公式如下：

$$\begin{cases} Y_1 = X_1 \cos\theta + X_2 \sin\theta \\ Y_2 = -X_1 \sin\theta + X_2 \cos\theta \end{cases}$$

(7-4)

其矩阵形式为：

$$\begin{bmatrix} Y_1 \\ Y_2 \end{bmatrix} = \begin{bmatrix} \cos\theta & \sin\theta \\ -\sin\theta & \cos\theta \end{bmatrix} \begin{bmatrix} X_1 \\ X_2 \end{bmatrix} = UX$$

（7-5）

公式中，U 为旋转变换矩阵，由上式可知它是正交阵，即满足

$$U' = U^{-1}, \quad U'U = I$$

（7-6）

经过这样的旋转之后，N 个样品点在 Y_1 轴上的离散程度最大，变量 Y_1 代表了原始数据绝大部分信息，这样，在研究实际问题时，有时即使不考虑变量 Y_2 也无损大局。

因此，经过上述旋转变换就可以把原始数据的信息集中到 Y_1 轴上，对数据中包含的信息起到浓缩的作用。进行主成分分析的目的就是找出转换矩阵 U，而进行主成分分析的作用与几何意义也就很明了了。

这样，我们就对主成分分析的几何意义有了一个充分的了解。主成分分析的过程无非就是坐标系旋转的过程，各主成分表达式就是新坐标系与原坐标系的转换关系，在新坐标系中，各坐标轴的方向就是原始数据变差最大的方向。

四、主成分分析步骤

①根据研究问题选取初始分析变量。
②根据初始分析变量的特性，判断由协方差矩阵求主成分还是由相关矩阵求主成分。
③求协方差矩阵或相关矩阵的特征根与相应标准特征向量。
④判断是否存在明显的多重共线性，若存在，则回到①。
⑤得到主成分的表达式并确定主成分个数，选取主成分。
⑥结合主成分对研究问题进行分析并深入研究。

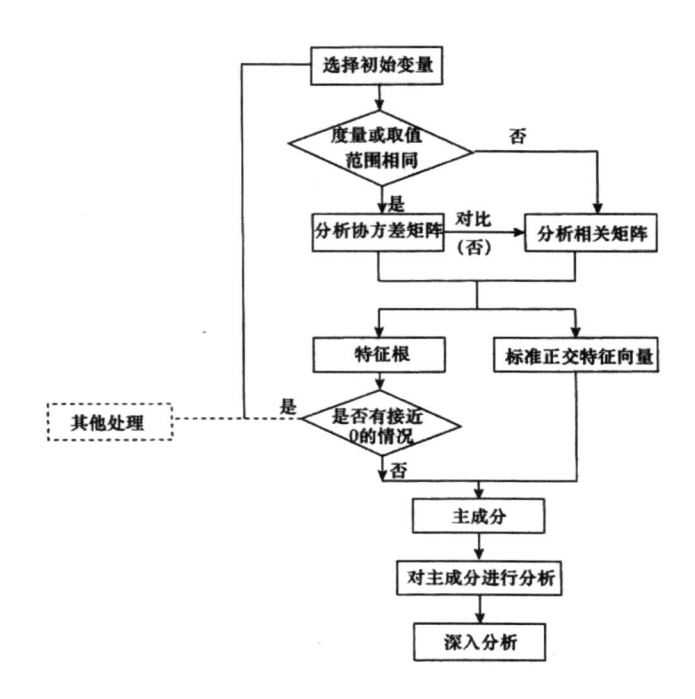

五、主成分分析的逻辑框图

主成分分析的逻辑框图如图 7-2 所示。

图 7-2 主成分分析的逻辑框图

第二节 主成分的性质及求解方法

一、主成分的性质

性质 1：Y 的协方差矩阵为对角阵 Λ。

性质 2：$\Sigma = \left(\sigma_{ij}\right)_{p\times p}$，有 $\sum\limits_{i=1}^{p}\lambda_i = \sum\limits_{i=1}^{p}\sigma_{ii}$。

定义 1：称 $\alpha_k = \dfrac{\lambda_k}{\lambda_1 + \lambda_2 + \cdots + \lambda_p}$ $(k=1,2,\cdots,p)$ 为第 k 个主成分 Y_k 的方差贡献率，

称 $\sum\limits_{i=1}^{m}\lambda_i \Big/ \sum\limits_{i=1}^{p}\lambda_i$ 为主成分 $Y_1, Y_2, \cdots, Y_m$ 的累积贡献率。

由此可知，主成分分析是把 p 个随机变量的总方差 $\sum\limits_{i=1}^{p}\sigma_{ii}$ 分解为 p 个不相关的随机变量的方差之和，使第一主成分的方差达到最大。第一主成分是以变化最大的方向向量各分量为系数的原始变量的线性函数，最大方差为 λ_1。$\alpha_1 = \dfrac{\lambda_1}{\sum \lambda_i}$ 表明了 λ_1 的方差在全部方差中的比值，α_1 称为第一主成分的贡献率。这个值越大，表明 Y_1 这个新变量综合 $X_1, X_2, \cdots, X_p$ 信息的能力越强，也即由 Y_1 的差异来解释随机向量 X 的差异的能力越强。正因为如此，Y_1 才称为 X 的主成分。进而我们就更清楚为什么主成分的名次是按特征根 $\lambda_1, \lambda_2, \cdots, \lambda_p$ 取值的大小排序的。

进行主成分分析的目的之一是减少变量的个数，所以一般不会取 p 个主成分，而是取 $m < p$ 个主成分。m 取多少比较合适，是一个很实际的问题，通常以所取 m 使得累积贡献率高于 85% 为宜，即

$$\frac{\sum\limits_{i=1}^{m}\lambda_i}{\sum\limits_{i=1}^{p}\lambda_i} \geqslant 85\%$$

(7-7)

这样，既能使损失信息不太多，又达到减少变量、简化问题的目的。另外，选取主成分还可根据特征根的变化来确定。图 7-3 为 SPSS 统计软件生成的碎石图。

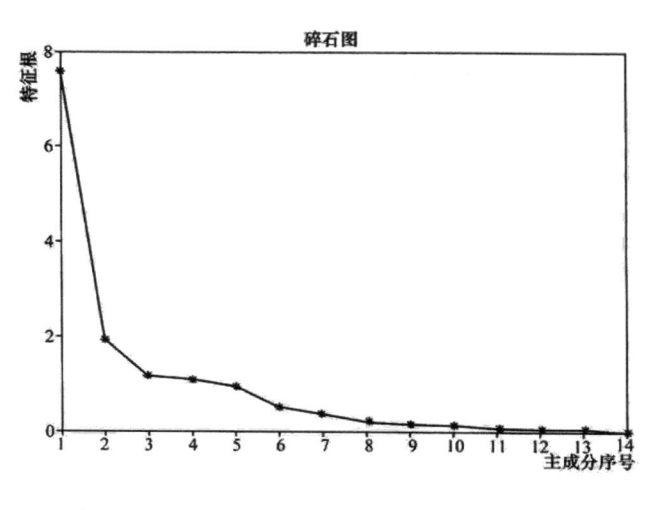

图 7-3 碎石图

由图 7-3 可知，第二个及第三个特征根变化的趋势已经开始趋于平稳，所以，取前两个或是前三个主成分是比较合适的。这种方法确定的主成分个数与按累积贡献率确定的主成分个数往往是一致的。在实际应用中有些研究工作者习惯于保留特征根大于 1 的那些主成分，但这种方法缺乏完善的理论支持。在大多数情况下，当 $m=3$ 时即可使所选主成分保持信息总量的比重高于 85%。

定义 2：第 k 个主成分 Y_k 与原始变量 X_i 的相关系数 $\rho(Y_k, X_i)$ 称作因子负荷量。

因子负荷量是主成分解释中非常重要的解释依据，因子负荷量的绝对值大小刻画了该主成分的主要意义及其成因。由下面的性质我们可以看到因子负荷量与系数向量成正比。

性质 3：$\rho(Y_k, X_i) = \gamma_{ik} \dfrac{\sqrt{\lambda_k}}{\sqrt{\sigma_{ii}}}, \quad k, i = 1, 2, \cdots, p$

(7-8)

由性质 3 知因子负荷量 $\rho(Y_k, X_i)$ 与向量系数 γ_{ik} 成正比，与 X_i 的标准差成反比，因此，绝不能将因子负荷量与向量系数混为一谈。在解释主成分的成因或是第 i 个变量对第 k 个主成分的重要性时，应当根据因子负荷量而不能仅仅根据 Y_k 与 X_i 的变换系数 γ_{ik}。

性质 4： $\sum_{i=1}^{p} \rho^2(Y_k, X_i) \sigma_{ii} = \lambda_k$

（7-9）

性质 5： $\sum_{i=1}^{p} \rho^2(Y_k, X_i) = \frac{1}{\sigma_{ii}} \sum_{k=1}^{p} \lambda_k \gamma_{ik}^2 = 1$

（7-10）

定义 3：X_i 与前 m 个主成分 $Y_1, Y_2, \cdots, Y_m$ 的全相关系数平方和称为 $Y_1, Y_2, \cdots, Y_m$ 对原始变量 X_i 的方差贡献率，即

$$v_i = \frac{1}{\sigma_{ii}} \sum_{k=1}^{m} \lambda_k \gamma_{ik}^2, \quad i = 1, 2, \cdots, p$$

（7-11）

这一定义说明了前 m 个主成分提取了原始变量 X_i 中 v_i 的信息，由此我们可以判断提取的主成分说明原始信息的能力。

二、主成分的求解方法

主成分分析的基本思想就是在保留原始变量尽可能多的信息的前提下达到降维的目的，从而简化问题并抓住问题的主要矛盾。而这里对于随机变量 $X_1, X_2, \cdots, X_p$ 而言，其协方差矩阵或相关矩阵正是对各变量离散程度与变量之间的相关程度的信息的反映，而相关矩阵不过是将原始变量标准化后的协方差矩阵。我们所说的保留原始变量尽可能多的信息，也就是指生成的较少的综合变量（主成分）的方差和尽可能接近原始变量方差的总和。因此，在实际求解主成分的时候，总是从原始变量的协方差矩阵或相关矩阵的结构分析入手。一般地，从原始变量的协方差矩阵出发求得的主成分与从原始变量的相关矩阵出发求得的主成分是不同的。下面分别就协方差矩阵与相关矩阵进行讨论。

（一）从协方差矩阵出发求解主成分

引论：设矩阵 $A'=A$，将 A 的特征根 $\lambda_1,\lambda_2,\cdots,\lambda_n$ 依大小顺序排列，不妨设 $\lambda_1 \geqslant \lambda_2 \geqslant \cdots \geqslant \lambda_n$，$\gamma_1,\gamma_2,\cdots,\gamma_p$ 为矩阵 A 各特征根对应的标准正交特征向量，则对任意向量 x，有

$$\max_{x \neq 0} \frac{x'Ax}{x'x} = \lambda_1, \quad \min_{x \neq 0} \frac{x'Ax}{x'x} = \lambda_n$$

（7-12）

结论：设随机向量 $X=(X_1,X_2,\cdots,X_\rho)'$ 的协方差矩阵为 Σ，$\lambda_1 \geqslant \lambda_2 \geqslant \cdots \geqslant \lambda_p$ 为 Σ 的特征根，$\gamma_1,\gamma_2,\cdots,\gamma_p$ 为矩阵 A 各特征根对应的标准正交特征向量，则第 i 个主成分为：

$$Y_i = \gamma_{1i}X_1 + \gamma_{2i}X_2 + \cdots + \gamma_{\rho i}X_\rho, \quad i=1,2,\cdots,p$$

（7-13）

此时：

$$\begin{aligned}Var(Y_i) &= \gamma'_i \Sigma \gamma_i = \lambda_i \\ Cov(Y_i,Y_j) &= \gamma'_i \Sigma \gamma_j = 0, \quad i \neq j\end{aligned}$$

（7-14）

令 $P=(\gamma_1,\gamma_2,\cdots,\gamma_p)$，$\Lambda = \text{diag}(\lambda_1,\lambda_2,\cdots,\lambda_p)$，由以上结论，我们把 $X_1,X_2,\cdots,X_p$ 的协方差矩阵 Σ 的非零特征根 $\lambda_1 \geqslant \lambda_2 \geqslant \cdots \geqslant \lambda_p > 0$ 对应的标准化特征向量 $\gamma_1,\gamma_2,\cdots,\gamma_p$ 分别作为系数向量，$Y_1=\gamma'_1 X, Y_2=\gamma'_2 X,\cdots,Y_p=\gamma'_p X$，分别称为随机向量 X 的第一主成分，第二主成分，……，第 p 主成分。Y 的分量 $Y_1,Y_2,\cdots,Y_p$ 依次是 X 的第一主成分，第二主成分，……，第 p 主成分的充分必要条件是：

第一，$Y=P'X$，即 P 为 p 阶正交阵；

第二，Y 的分量之间互不相关；

第三，Y 的 p 个分量按方差由大到小排列。

注：无论 Σ 的各特征根是否存在相等的情况，对应的标准化特征向量 $\gamma_1,\gamma_2,\cdots,\gamma_p$ 总是存在的，我们总可以找到对应各特征根的彼此正交的特征向量。这样，求主成分的问题就变成了求特征根与特征向量的问题。

（二）从相关矩阵出发求解主成分

考虑如下的数学变换。

令 $Z_i = \dfrac{X_i - \mu_i}{\sqrt{\sigma_{ii}}}, \quad i=1,2,\cdots,p$

（7-15）

公式中，μ_i 与 σ_{ii} 分别表示变量 X_i 的期望与方差。于是有

$$E(Z_i)=0, \quad Var(Z_i)=1$$

（7-16）

令 $\Sigma^{1/2} = \begin{bmatrix} \sqrt{\sigma_{11}} & 0 & \cdots & 0 \\ 0 & \sqrt{\sigma_{22}} & \cdots & 0 \\ \vdots & \vdots & & \vdots \\ 0 & 0 & \cdots & \sqrt{\sigma_{pp}} \end{bmatrix}$

（7-17）

于是，对原始变量 X 进行如下标准化：

$$Z = \left(\Sigma^{1/2}\right)^{-1}(X-\mu)$$

（7-18）

经过上述标准化后，显然有

$$E(Z)=0$$

（7-19）

$$Cov(\boldsymbol{Z}) = \left(\boldsymbol{\Sigma}^{1/2}\right)^{-1} \boldsymbol{\Sigma} \left(\boldsymbol{\Sigma}^{1/2}\right)^{-1} = \begin{bmatrix} 1 & \rho_{12} & \cdots & \rho_{1p} \\ \rho_{12} & 1 & \cdots & \rho_{2p} \\ \vdots & \vdots & & \vdots \\ \rho_{1p} & \rho_{2p} & \cdots & 1 \end{bmatrix} = \boldsymbol{R}$$

（7-20）

由上面的变换过程可知，原始变量 $X_1, X_2, \cdots, X_p$ 的相关矩阵实际上就是对原始变量标准化后的协方差矩阵。因此，由相关矩阵求主成分的过程与主成分个数的确定准则实际上是与由协方差矩阵出发求主成分的过程与主成分个数的确定准则相一致的，在此不再赘述，仍用 λ_i, γ_i 分别表示相关矩阵 $\boldsymbol{R}$ 的特征根与对应的标准正交特征向量，此时，求得的主成分与原始变量的关系式为：

$$Y_i = \gamma_i' \boldsymbol{Z} = \gamma_i' \left(\boldsymbol{\Sigma}^{1/2}\right)^{-1} (\boldsymbol{X} - \boldsymbol{\mu}), \quad i = 1, 2, \cdots, p$$

（7-21）

（三）由相关矩阵求主成分时主成分性质的简单形式

由相关矩阵出发所求得的主成分依然具有上面所述的各种性质，不同的是在形式上更简单，这是由相关矩阵 $\boldsymbol{R}$ 的特性决定的。我们将由相关矩阵得到的主成分的性质总结如下：

第一，$\boldsymbol{Y}$ 的协方差矩阵为对角阵 $\boldsymbol{\Lambda}$；

第二，$\sum_{i=1}^{p} Var(Y_i) = tr(\boldsymbol{\Lambda}) = tr(\boldsymbol{R}) = p = \sum_{i=1}^{p} Var(Z_i)$；

第三，第 k 个主成分的方差占总方差的比例，即第 k 个主成分的方差贡献率为 $\alpha_k = \lambda_k / p$，前 m 个主成分的累积方差贡献率为 $\sum_{i=1}^{m} \lambda_i / p$；

第四，$\rho(Y_k, Z_i) = \gamma_{ik} \sqrt{\lambda_k}$。

注意到 $Var(Z_i) = 1$，且 $tr(\boldsymbol{R}) = p$，结合前面从协方差矩阵出发求主成分部分对主成分性质的说明，可以很容易地得出上述性质。

三、有关问题的讨论

（一）从协方差矩阵还是相关矩阵出发求主成分

由前面的讨论可知求解主成分的过程实际就是对矩阵结构进行分析的过程，也就是求解特征根的过程。在实际分析过程中，我们可以从原始数据的协方差矩阵出发，也可以从原始数据的相关矩阵出发，其求主成分的过程是一致的。但是，从协方差矩阵出发和从相关矩阵出发所求得的主成分一般来说是有差别的，而且这种差别有时候还很大。

一般而言，对于度量单位不同的指标或是取值范围彼此差异非常大的指标，我们不直接由其协方差矩阵出发进行主成分分析，而应该考虑将数据标准化。比如，在对上市公司的财务状况进行分析时，常常会涉及利润总额、市盈率、每股净利率等指标，其中利润总额取值常常从几十万到上百万，而每股净利率在 1 以下，不同指标取值范围相差很大。这时若是直接从协方差矩阵入手进行主成分分析，明显利润总额的作用将起到重要支配作用，而其他两个指标的作用很难在主成分中体现出来，此时应该考虑对数据进行标准化处理。

但是，对原始数据进行标准化处理后倾向于各个指标的作用在主成分的构成中相等。对于取值范围相差不大或是度量相同的指标进行标准化处理后，其主成分分析的结果仍与由协方差矩阵出发求得的结果有较大区别。其原因是对数据进行标准化处理的过程实际上也就是抹杀原始变量离散程度差异的过程，标准化后的各变量方差均为 1，而实际上方差也是对数据信息的重要概括形式。也就是说，对原始数据进行标准化处理抹杀了一部分重要信息，因此才使得标准化处理后各变量对主成分构成中的作用趋于相等。由此看来，对同度量或是取值范围在同量级的数据，还是直接从协方差矩阵求解主成分为宜。

对于从什么矩阵出发求解主成分，现在还没有一个定论，但是我们应该看到，不考虑实际情况就对数据进行标准化处理或者直接从原始变量的相关矩阵出发求解主成分是有其不足之处的，这一点一定要引起注意。建议在实际工作中分别从不同角度出发求解主成分并研究其结果的差别，看看是否出现明显差异以及这种差异产生的原因在何处，以确定用哪种结果更为可信。

（二）主成分分析不要求数据来自正态总体

由上面的讨论可知，无论是从原始变量协方差矩阵出发求解主成分，还是从相关矩阵出发求解主成分，均没有涉及总体分布的问题。也就是说，与很多多元统计方法不同，主成分分析不要求数据来自正态总体。实际上，主成分分析就是对矩阵结构的分析，其中主要用到的是矩阵运算的技术及矩阵对角化和矩阵的谱分解技术。我们知道，对多元随机变量而言，其协方差矩阵或是相关矩阵均是非负定的。这样，我们就可以按照求解主成分的步骤求出其特征根、标准正交特征向量，进而求出主成分，达到缩减数据维数的目的。同时，由主成分分析的几何意义可以看到，对来自多元正态总体的数据，我们得到了合理的几何解释，即主成分就是按数据离散程度最大的方向进行坐标轴旋转。

主成分分析的这一特性大大扩展了其应用范围，对多维数据，只要是涉及降维的处理，我们都可以尝试用主成分分析，而不用花太多精力考虑其分布情况。

（三）主成分分析与重叠信息

首先应当认识到主成分分析方法适用于变量之间存在较强相关性的数据，如果原始数据相关性较弱，运用主成分分析后就不能起到很好的降维作用，即所得的各个主成分浓缩原始变量信息的能力差别不大。一般认为当原始数据大部分变量的相关系数都小于 0.3 时，运用主成分分析不会取得很好的效果。

很多研究工作者在运用主成分分析时，都或多或少存在着对主成分分析去除原始变量重叠信息的期望，这样，在实际工作初始就可以把与某一研究问题相关而可能得到的变量（指标）都纳入分析过程，再用少数几个主成分浓缩这些有用信息（假定已剔除了重叠信息），然后对主成分进行深入分析。在对待重叠信息方面，生成的新的综合变量（主成分）是有效剔除了原始变量中的重叠信息，还是仅仅按原来的模式将原始信息中的绝大部分用几个不相关的新变量表示出来，这一点还值得讨论。

为说明这个问题，有必要再回顾一下主成分的求解过程，我们仅就从协方差矩阵出发求主成分的过程予以说明，对相关矩阵有类似的情况。

对于 p 维指标的情况，我们得到其协方差矩阵如下：

$$\mathbf{\Sigma} = \begin{bmatrix} \sigma_{11} & \sigma_{12} & \cdots & \sigma_{1p} \\ \sigma_{21} & \sigma_{22} & \cdots & \sigma_{2p} \\ \cdots & \cdots & & \cdots \\ \sigma_{p1} & \sigma_{p2} & \cdots & \sigma_{pp} \end{bmatrix}$$

(7-22)

现在考虑一种极端情况，即有两个指标完全相关，不妨设第一个指标在进行主成分分析时考虑了两次。则协方差矩阵变为：

$$\Sigma_1 = \begin{bmatrix} \sigma_{11} & \sigma_{11} & \sigma_{12} & \cdots & \sigma_{1p} \\ \sigma_{11} & \sigma_{11} & \sigma_{12} & \cdots & \sigma_{1p} \\ \sigma_{21} & \sigma_{21} & \sigma_{22} & \cdots & \sigma_{2p} \\ \cdots & \cdots & \cdots & & \cdots \\ \sigma_{p1} & \sigma_{p1} & \sigma_{p2} & \cdots & \sigma_{pp} \end{bmatrix}$$

（7-23）

此时进行的主成分分析实际上是由 $(p+1)\times(p+1)$ 维矩阵 Σ_1 进行的。Σ_1 的行列式的值为零但仍满足非负定，只不过其最小的特征根为 0，由 Σ_1 出发求解主成分，其方差总和不再是 $\sigma_{11}+\sigma_{22}+\cdots+\sigma_{pp}$，而是变为 $\sigma_{11}+\sigma_{22}+\cdots+\sigma_{pp}+\sigma_{11}$。也就是说，第一个指标在分析过程中起到了加倍的作用，其重叠信息完全像其他指标提供的信息一样在起作用。这样求得的主成分已经与没有第一个指标重叠信息时不一样了，因为主成分方差的总和已经变为 $\sigma_{11}+\sigma_{22}+\cdots+\sigma_{pp}+\sigma_{11}$，而不是 $\sigma_{11}+\sigma_{22}+\cdots+\sigma_{pp}$，每个主成分解释方差的比例也相应发生变化，而整个分析过程没有对重叠信息做任何特殊处理。也就是说，由于对第一个指标罗列了两次，其在生成的主成分构成中也起到了加倍的作用。这一点是尤其应该引起注意的，意味着主成分分析对重叠信息的剔除是无能为力的，同时主成分分析还损失了一部分信息。

这就告诉我们在实际工作中，在选取初始变量进入分析时应该小心，对原始变量存在多重共线性的问题，在应用主成分分析方法时一定要慎重。应该考虑所选取的初始变量是否合适，是否真实地反映了事物的本来面目，如果是出于避免遗漏某些信息而特意选取过多的存在重叠信息的变量时，就要特别注意应用主成分分析所得到的结果。

如果所得到的样本协方差矩阵（或是相关矩阵）最小的特征根接近 0，那么有

$$\sum \gamma_p = (\boldsymbol{X}-\boldsymbol{\mu})(\boldsymbol{X}-\boldsymbol{\mu})'\gamma_p = \lambda_p\gamma_p \approx 0$$

（7-24）

进而推出

$$(X-\mu)'\gamma_p \approx 0$$

（7-25）

这就意味着，中心化以后的原始变量之间存在着多重共线性，即原始变量存在着不可忽视的重叠信息。因此，在进行主成分分析得出协方差矩阵或是相关矩阵发现最小特征值接近 0 时，应该注意对主成分的解释，或者考虑对最初纳入分析的指标进行筛选。由此可以看出，虽然主成分分析不能有效地剔除重叠信息，但它至少可以发现原始变量是否存在着重叠信息，这对我们减少分析中的失误是有帮助的。

第三节　由样本数据求主成分

在实际研究工作中，总体协方差矩阵 **Σ** 与相关矩阵 **R** 通常是未知的，需要通过样本数据来估计。设有 n 个样品，每个样品有 p 个指标，这样共得到 np 个数据，原始资料矩阵如下：

$$X = \begin{bmatrix} x_{11} & x_{12} & \cdots & x_{1p} \\ x_{21} & x_{22} & \cdots & x_{2p} \\ \cdots & \cdots & & \cdots \\ x_{n1} & x_{n2} & \cdots & x_{np} \end{bmatrix}$$

（7-26）

记

$$S = \frac{1}{n-1} \sum_{k=1}^{n} (x_{ki} - \bar{x}_i)(x_{ki} - \bar{x}_i)'$$

（7-27）

$$\bar{x}_i = \frac{1}{n}\sum_{k=1}^{n} x_{ki}, \qquad i = 1,2,\cdots,p$$

（7-28）

$$\boldsymbol{R} = \left(r_{ij}\right)_{p\times p}, \quad r_{ij} = \frac{S_{ij}}{\sqrt{S_{ii}S_{jj}}}$$

（7-29）

S 为样本协方差矩阵，作为总体协方差矩阵 Σ 的无偏估计；R 是样本相关矩阵，作为总体相关矩阵的估计。由前面的讨论知，若原始资料矩阵 X 是经过标准化处理的，则由矩阵 X 求得的协方差矩阵就是相关矩阵，即 S 与 R 完全相同。因为由协方差矩阵出发求解主成分的过程与由相关矩阵出发求解主成分的过程是一致的，下面我们仅介绍由相关矩阵 R 出发求解主成分。

根据总体主成分的定义，主成分 Y 的协方差是：

$$Cov(Y) = \Lambda$$

（7-30）

式中，Λ 为对角阵。

$$\Lambda = \begin{bmatrix} \lambda_1 & 0 & 0 & \cdots & 0 \\ 0 & \lambda_2 & 0 & \cdots & 0 \\ 0 & 0 & \lambda_3 & \cdots & 0 \\ \cdots & \cdots & \cdots & & \cdots \\ 0 & 0 & 0 & \cdots & \lambda_p \end{bmatrix}$$

（7-31）

假定原始资料矩阵 X 为已标准化处理后的数据矩阵，则可由相关矩阵代替协方差矩阵，于是上式可表示为：

$$P'RP = \Lambda$$

（7-32）

于是，所求的新的综合变量（主成分）的方差 $\lambda_i(i=1,2,\cdots,p)$ 是

$$|\boldsymbol{R}-\lambda\boldsymbol{I}|=0$$

(7-33)

的 P 个根，λ 为相关矩阵的特征根，相应地各个 γ_{ij} 是其特征向量的分量。

因为 $\boldsymbol{R}$ 为正定矩阵，所以其特征根都是非负实数，将它们按大小顺序排列 $\lambda_1 \geqslant \lambda_2 \geqslant \cdots \geqslant \lambda_p \geqslant 0$，其相应的特征向量记为 $\gamma_1, \gamma_2, \cdots, \gamma_p$，则相对于 Y_1 的方差为：

$$Var(Y_1)=Var(\gamma_1^{'}X)=\lambda_1$$

(7-34)

同理有
$$Var(Y_i)=Var(\gamma_i^{'}X)=\lambda_i$$

(7-35)

即对于 Y_1 有最大方差，Y_2 有次大方差，并且协方差为

$$Cov(Y_i,Y_j)=Cov(\gamma_i^{'}X,\gamma_j^{'}X)=\gamma_i^{'}R\gamma_j^{'}$$

$$=\gamma_i^{'}\left(\sum_{a=1}^{p}\lambda_a\gamma_a\gamma_a^{'}\right)\gamma_j$$

$$=\sum_{a=1}^{p}\lambda_a(\gamma_i^{'}\gamma_a)(\gamma_a^{'}\gamma_j)=0, \quad i\neq j$$

(7-36)

由此可知新的综合变量（主成分）$Y_1, Y_2, \cdots, Y_p$ 彼此不相关，并且 Y_i 的方差为 λ_i，则 $Y_1=\gamma_1^{'}\boldsymbol{X}$，$Y_2=\gamma_2^{'}\boldsymbol{X}$，$\cdots$，$Y_p=\gamma_p^{'}\boldsymbol{X}$ 分别称为第一个主成分，第二个主成分，……，第 p 个主成分。由上述求主成分的过程可知，主成分在几何图形中的方向实际上就是 $\boldsymbol{R}$ 的特征向量的方向，主成分的方差贡献就等于 $\boldsymbol{R}$ 的相应特征根。这样，我们利用样本数据求解主成分的过程实际上就转化为求相关矩阵或协方差矩阵的特征根和特征向量的过程。

第八章 因子分析

因子分析模型是主成分分析的推广。它是利用降维的思想，由研究原始变量相关矩阵内部的依赖关系出发，把一些具有错综复杂关系的变量归结为少数几个综合因子的一种多变量统计分析方法。相对于主成分分析，因子分析更倾向于描述原始变量之间的相关关系，因此因子分析的出发点是原始变量的相关矩阵。因子分析的思想始于20世纪初查尔斯·斯皮尔曼（Charles Spearman）对学生考试成绩的研究。近年来，随着电子计算机的高速发展，人们将因子分析的理论成功地应用于心理学、医学、气象学、地质学、经济学等各个领域，也使得因子分析的理论和方法更加丰富。本章主要介绍因子分析的基本理论及方法，以及运用因子分析方法分析实际问题的主要步骤及因子分析的上机实现等内容。

第一节 因子分析概述

一、因子分析的基本思想

因子分析的基本思想是根据相关性大小把原始变量分组，使得同组内的变量之间相关性较高，而不同组的变量之间相关性则较低。每组变量代表一个基本结构，并用一个不可观测的综合变量表示，这个基本结构就称为公共因子。对于所研究的某一具体问题，原始变量可以分解成两部分之和的形式，一部分是少数几个不可测的所谓公共因子的线性函数，另一部分是与公共因子无关的特殊因子。在经济统计中，描述一种经济现象的指标可以有很多，比如要反映物价的变动情况，对各种商品的价格做全面调查固然可以达到目的，但这样做显然耗时费力。实际上，某一类商品中很多商品的价格之间存在明显的相关性或相互依赖性,只要选择几种主要商品的价格进而对这几种主要商品的价格进行综合,得到某一种假想的"综合商品"的价格,就足以反映某一类商品物价的变动情况,这里,"综合商品"的价格就是提取出来的因子。这样,对各类商品物价或仅对主要类别商品的物价进行类似分析然后加以综合,就可以反映出物价的整体变动情况。这一过程也就是从一些有错综复杂关系的经济现象中找出少数几个主要因子,每一个主要因子代表经济变量间相互依赖的一种经济作用。抓住这些主要因子就可以帮助我们对复杂的经济问题进行分析和解释。

因子分析还可用于对变量或样品的分类处理,我们在得出因子的表达式之后,就可以把原始变量的数据代入表达式得出因子得分值,据此在因子所构成的空间中把变量或样品点画出来,以达到分类的目的。

因子分析不仅可以用来研究变量之间的相关关系,还可以用来研究样品之间的相关关系,通常前者称为 R 型因子分析,后者称为 Q 型因子分析。下面着重介绍 R 型因子分析。

二、因子分析的基本理论及模型

(一)斯皮尔曼提出因子分析时用到的例子

为了对因子分析的基本理论有一个完整的认识,我们先给出斯皮尔曼在 20 世纪初用到的例子。在该例中斯皮尔曼研究了 33 名学生在古典语(C)、法语(F)、英语(E)、数学(M)、判别(D)和音乐(Mu)六门科目考试成绩之间的相关性并得到如下相关矩阵:

$$\begin{array}{c} & \begin{array}{cccccc} C & F & E & M & D & Mu \end{array} \\ \begin{array}{c} C \\ F \\ E \\ M \\ D \\ Mu \end{array} & \begin{bmatrix} 1.00 & 0.83 & 0.78 & 0.70 & 0.66 & 0.63 \\ 0.83 & 1.00 & 0.67 & 0.67 & 0.65 & 0.57 \\ 0.78 & 0.67 & 1.00 & 0.64 & 0.54 & 0.51 \\ 0.70 & 0.67 & 0.64 & 1.00 & 0.45 & 0.51 \\ 0.66 & 0.65 & 0.54 & 0.45 & 1.00 & 0.40 \\ 0.63 & 0.57 & 0.51 & 0.51 & 0.40 & 1.00 \end{bmatrix} \end{array}$$

(8-1)

斯皮尔曼注意到上面相关矩阵中一个有趣的规律，即如果不考虑对角元素的话，任意两列的元素大致成比例，对 C 列和 E 列，有

$$\frac{0.83}{0.67} \approx \frac{0.70}{0.64} \approx \frac{0.66}{0.54} \approx \frac{0.63}{0.51} \approx 1.2$$

(8-2)

于是，斯皮尔曼指出每一门科目的考试成绩都遵从以下形式：

$$X_i = a_i F + e_i$$

(8-3)

式中，X_i 是第 i 门科目标准化后的考试成绩，均值为 0，方差为 1。F 是公共因子，对各科考试成绩均有影响，也是均值为 0，方差为 1。e_i 是仅对第 i 门科目考试成绩有影响的特殊因子，F 与 e_i 相互独立。

也就是说，每一门科目的考试成绩都可以看作由一个公共因子（可以认为是一般智力）与一个特殊因子构成的和。在满足以上假定的条件下，有

$$Cov(X_i, X_j) = E(a_i F + e_i)(a_j F + e_j) = a_i a_j Var(F) = a_i a_j$$

(8-4)

于是，有

$$\frac{Cov(X_i, X_j)}{Cov(X_i, X_k)} = \frac{a_j}{a_k}$$

(8-5)

式（9-5）与 i 无关，与在相关矩阵中所观察到的比例关系一致。

除此之外，还可以得到如下有关 X_i 方差的关系式：

$$Var(X_i) = Var(a_i F + e_i) = Var(a_i F) + Var(e_i)$$
$$= a_i^2 Var(F) + Var(e_i)$$
$$= a_i^2 + Var(e_i)$$

(8-6)

因为 a_i 是一个常数，F 与 e_i 相互独立且 F 与 X_i 的方差均被假定为 1，所以有

$$1 = a_i^2 + Var(e_i)$$

（8-7）

因此，常数 a_i 的意义就在于其平方表示了公共因子 F 解释 X_i 的方差的比例，称为因子载荷；a_i^2 称作共同度。

对斯皮尔曼的例子进行推广，假定每一门科目的考试成绩都受到 m 个公共因子的影响及一个特殊因子的影响，于是式（8-3）就变成了如下因子分析模型的一般形式：

$$X_i = a_{i1}F_1 + a_{i2}F_2 + \cdots + a_{im}F_m + e_i$$

（8-8）

式中，X_i 是标准化后的第 i 门科目的考试成绩，均值为 0，方差为 1。$F_1, F_2, \cdots, F_m$ 是彼此独立的公共因子，都满足均值为 0，方差为 1。e_i 为特殊因子，与每一个公共因子均不相关且均值为 0。$a_{i1}, a_{i2}, \cdots, a_{im}$ 为对第 i 门科目考试成绩的因子载荷。对该模型，有

$$Var(X_i) = a_{i1}^2 + a_{i2}^2 + \cdots + a_{im}^2 + Var(e_i) = 1$$

（8-9）

式中，$a_{i1}^2 + a_{i2}^2 + \cdots + a_{im}^2$ 表示公共因子解释 X_i 方差的比例，称为 X_i 的共同度，相对地，$Var(e_i)$ 可称为 X_i 的特殊度或剩余方差，表示 X_i 的方差中与公共因子无关的部分。因为共同度不会大于 1，所以 $-1 \leq a_{ij} \leq 1$。由模型（8-8）还可以很容易地得到如下 X_i 与 X_j 相关系数的关系式：

$$r_{ij} = a_{i1}a_{j1} + a_{i2}a_{j2} + \cdots + a_{im}a_{jm}$$

（8-10）

所以当 X_i 与 X_j 在某一公共因子上的载荷均较大时,也就表明了 X_i 与 X_j 的相关性较强。

(二) 一般因子分析模型

下面我们给出更为一般的因子分析模型:设有 n 个样品,每个样品观测 p 个指标,这些指标之间有较强的相关性(要求 p 个指标相关性较强的理由是很明确的,只有相关性较强才能从原始变量中提取出"公共"因子)。为了便于研究,并消除由于观测量纲的差异及数量级不同所造成的影响,将样本观测数据进行标准化处理,使标准化后的变量均值为 0,方差为 1。为了方便,把原始变量及标准化后的变量向量均用 X 表示,用 $F_1, F_2, \cdots, F_m (m < p)$ 表示标准化的公共因子。

①如果 $\boldsymbol{X} = \left(X_1, X_2, \cdots, X_p\right)'$ 是可观测随机向量,且均值向量 $E(\boldsymbol{X}) = \boldsymbol{0}$,则协方差矩阵 $Cov(\boldsymbol{X}) = \boldsymbol{\Sigma}$,且协方差矩阵 $\boldsymbol{\Sigma}$ 与相关矩阵 $\boldsymbol{R}$ 相等。

②如果 $\boldsymbol{F} = \left(F_1, F_2, \cdots, F_m\right)'$ $(m < p)$ 是不可观测的变量,其均值向量 $E(\boldsymbol{F}) = \boldsymbol{0}$,则协方差矩阵 $Cov(\boldsymbol{F}) = \boldsymbol{I}$,即向量 F 的各分量是相互独立的。

③如果 $\boldsymbol{\varepsilon} = \left(\varepsilon_1, \varepsilon_2, \cdots, \varepsilon_p\right)'$ 与 F 相互独立,且 $E(\boldsymbol{\varepsilon}) = 0$,则 ε 的协方差矩阵 $\boldsymbol{\Sigma}_\varepsilon$ 是对角方阵:

$$Cov(\boldsymbol{\varepsilon}) = \boldsymbol{\Sigma}_\varepsilon = \begin{bmatrix} \sigma_{11}^2 & & & 0 \\ & \sigma_{22}^2 & & \\ & & \cdots & \\ 0 & & & \sigma_{pp}^2 \end{bmatrix}$$

(8-11)

即 ε 的各分量之间也是相互独立的。则模型

$$\begin{cases} X_1 = a_{11}F_1 + a_{12}F_2 + \cdots + a_{1m}F_m + \varepsilon_1 \\ X_2 = a_{21}F_1 + a_{22}F_2 + \cdots + a_{2m}F_m + \varepsilon_2 \\ \cdots \\ X_p = a_{p1}F_1 + a_{p2}F_2 + \cdots + a_{pm}F_m + \varepsilon_p \end{cases}$$

(8-12)

称为因子模型，模型（8-12）的矩阵形式为：

$$\boldsymbol{X} = \boldsymbol{AF} + \boldsymbol{\varepsilon}$$

(8-13)

式中：

$$\boldsymbol{A} = \begin{bmatrix} a_{11} & a_{12} & \cdots & a_{1m} \\ a_{21} & a_{22} & \cdots & a_{2m} \\ \cdots & \cdots & & \cdots \\ a_{p1} & a_{p2} & \cdots & a_{pm} \end{bmatrix}$$

(8-14)

由模型（8-12）及其假设前提知，公共因子 $F_1, F_2, \cdots, F_m$ 相互独立且不可测，是在原始变量的表达式中都出现的因子。公共因子的含义，必须结合实际问题的具体意义确定。$\varepsilon_1, \varepsilon_2, \cdots, \varepsilon_p$ 叫作特殊因子，是向量 X 的分量 $X_i(i=1,2,\cdots,p)$ 所特有的因子。各特殊因子之间以及特殊因子与所有公共因子之间也都是相互独立的。矩阵 $\boldsymbol{A}$ 中的元素 a_{ij} 称为因子载荷，a_{ij} 的绝对值越大（$|a_{ij}| \leqslant 1$），表明 X_i 与 F_j 的相依程度越大，或称公共因子 F_j 对于 X_i 的载荷量越大。进行因子分析的目的之一，就是要求出各个因子载荷的值。实际上，由于因子分析与主成分分析非常类似，在模型（8-12）中，若把 ε_i 看作 $a_{i,m+1}F_{m+1} + a_{i,m+2}F_{m+2} + \cdots + a_{ip}F_p$ 的综合作用，则除了此处的因子为不可测变量这一区别，因子载荷与主成分分析中的因子负荷量是一致的。矩阵 $\boldsymbol{A}$ 称为因子载荷矩阵。

为了更好地理解因子分析方法，有必要讨论一下因子载荷矩阵 $\boldsymbol{A}$ 的统计意义及公共因子与原始变量之间的关系。

1. 因子载荷 a_{ij} 的统计意义

由模型（8-12），有

$$Cov(X_i, F_j) = Cov\left(\sum_{j=1}^{m} a_{ij}F_j + \varepsilon_i, F_j\right)$$

$$= Cov\left(\sum_{j=1}^{m} a_{ij}F_j, F_j\right) + Cov(\varepsilon_i, F_j)$$

$$= a_{ij}$$

（8-15）

即 a_{ij} 是 X_i 与 F_j 的协方差，注意，X_i 与 F_j（$i=1,2,\cdots,p; j=1,2,\cdots,m$）都是均值为 0、方差为 1 的变量，因此 a_{ij} 同时也是 X_i 与 F_j 的相关系数。

2. 变量共同度与剩余方差

在斯皮尔曼的例子中我们提到了共同度与剩余方差的概念，对一般因子模型（8-12）的情况，我们重新总结这两个概念如下：

称 $a_{i1}^2 + a_{i2}^2 + \cdots + a_{im}^2$ 为变量 X_i 的共同度，记为 h_i^2（$i=1,2,\cdots,p$）。由因子分析模型的假设前提，易得

$$Var(X_i) = 1 = h_i^2 + Var(\varepsilon_i)$$

（8-16）

记 $Var(\varepsilon_i) = \sigma_i^2$，则

$$Var(X_i) = 1 = h_i^2 + \sigma_i^2$$

（8-17）

式（8-17）表明共同度 h_i^2 与剩余方差 σ_i^2 有互补的关系，h_i^2 越大，表明 X_i 对公共因子的依赖程度越大；公共因子能解释 X_i 方差的比例越大，因子分析的效果也就越好。

3. 公共因子 F_j 的方差贡献

共同度考虑的是所有公共因子 $F_1, F_2, \cdots, F_m$ 与某个原始变量的关系，与此类似，下面探讨某个公共因子 F_j 与所有原始变量 $X_1, X_2, \cdots, X_p$ 的关系。

记 $g_j^2 = a_{1j}^2 + a_{2j}^2 + \cdots + a_{pj}^2 (j=1,2,\cdots,m)$，则 g_j^2 表示的是公共因子 F_j 对于 X 的每一分量 $X_i(i=1,2,\cdots,p)$ 所提供的方差的总和，称为公共因子 F_j 对原始变量向量 X 的方差贡献，它是衡量公共因子相对重要性的指标。g_j^2 越大，则表明公共因子 F_j 对 X 的贡献越大，或者说对 X 的影响和作用就越大。如果将因子载荷矩阵 A 的所有 $g_j^2(j=1,2,\cdots,m)$ 都计算出来，并按其大小排序，就可以提炼出最有影响力的公共因子。

三、因子分析的步骤

进行因子分析应包括如下几步：
①根据研究问题选取原始变量。
②对原始变量进行标准化并求其相关矩阵，分析变量之间的相关性。
③求解初始公共因子及因子载荷矩阵。
④因子旋转。
⑤因子得分。
⑥根据因子得分值进行进一步分析。

四、因子分析的逻辑框图

因子分析的逻辑框图如图 8-1 所示。

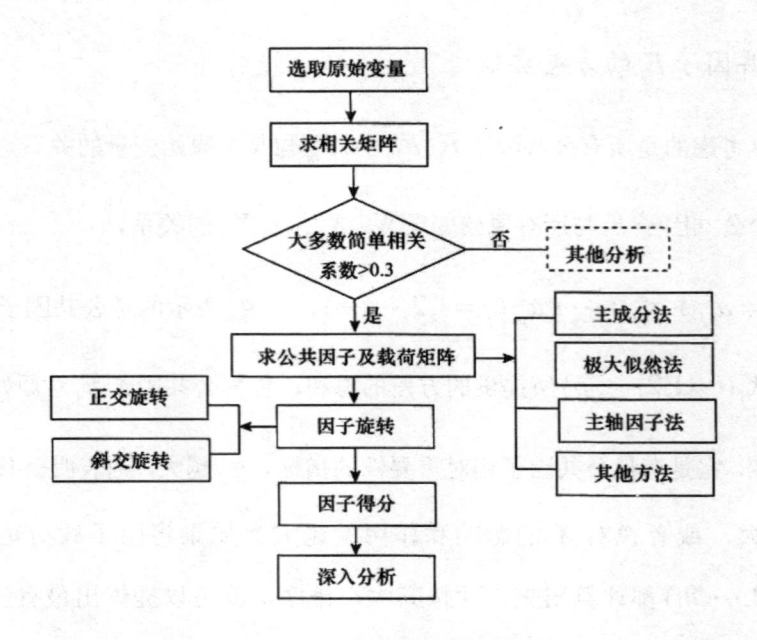

图 8-1　因子分析的逻辑框图

第二节　因子载荷的求解

因子分析可以分为确定因子载荷、因子旋转及计算因子得分三个步骤。首要的步骤为确定因子载荷或根据样本数据确定因子载荷矩阵 A。有很多方法可以完成这项工作，求解因子载荷的出发点不同，所得的结果也不完全相同。下面着重介绍比较常用的主成分法、主轴因子法与极大似然法。

一、主成分法

用主成分法确定因子载荷，是在进行因子分析之前先对数据进行一次主成分分析，然后把前面几个主成分作为未旋转的公共因子。相对于其他确定因子载荷的方法而言，主成分法比较简单，但是由于用这种方法所得的特殊因子 $\varepsilon_1, \varepsilon_2, \cdots, \varepsilon_p$ 之间并不相互独立，因此，用主成分法确定因子载荷不完全符合因子模型的假设前提，也就是说所得的因子载荷并不完全正确。当共同度较大时，特殊因子所起的作用较小，因而特殊因子之间的相关性所带来的影响就几乎可以忽略。事实上，很多有经验的分析人员在进行因子分析时，总是先用主成分法进行分析，然后再尝试其他的方法。

用主成分法寻找公共因子的方法如下：假定从相关矩阵出发求解主成分，设有 p 个变量，则我们可以找出 p 个主成分。将所得的 p 个主成分按由大到小的顺序排列，记为 $Y_1, Y_2, \cdots, Y_p$，则主成分与原始变量之间存在如下关系式：

$$\begin{cases} Y_1 = \gamma_{11}X_1 + \gamma_{12}X_2 + \cdots + \gamma_{1p}X_p \\ Y_2 = \gamma_{21}X_1 + \gamma_{22}X_2 + \cdots + \gamma_{2p}X_p \\ \cdots \\ Y_p = \gamma_{p1}X_1 + \gamma_{p2}X_2 + \cdots + \gamma_{pp}X_p \end{cases}$$

（8-18）

式中，γ_{ij} 是随机向量 X 的相关矩阵的特征根所对应的特征向量的分量，因为特征向量之间彼此正交，从 X 到 Y 的转换关系是可逆的，所以很容易得出由 Y 到 X 的转换关系为：

$$\begin{cases} X_1 = \gamma_{11}Y_1 + \gamma_{21}Y_2 + \cdots + \gamma_{P1}Y_p \\ X_2 = \gamma_{12}Y_1 + \gamma_{22}Y_2 + \cdots + \gamma_{P2}Y_p \\ \cdots \\ X_p = \gamma_{1P}Y_1 + \gamma_{2P}Y_2 + \cdots + \gamma_{pp}Y_p \end{cases}$$

（8-19）

我们对上面每一等式只保留前 m 个主成分而把后面的部分用 ε_i 代替，则式（8-19）变为：

$$\begin{cases} X_1 = \gamma_{11}Y_1 + \gamma_{21}Y_2 + \cdots + \gamma_{m1}Y_m + \varepsilon_1 \\ X_2 = \gamma_{12}Y_1 + \gamma_{22}Y_2 + \cdots + \gamma_{m2}Y_m + \varepsilon_2 \\ \cdots \\ X_p = \gamma_{1p}Y_1 + \gamma_{2p}Y_2 + \cdots + \gamma_{mp}Y_m + \varepsilon_p \end{cases}$$

（8-20）

式（8-20）在形式上已经与因子模型（8-12）一致，且$Y_i(i=1,2,\cdots,m)$之间相互独立。为了把Y_i转化成合适的公共因子，现在要做的工作只是把主成分Y_i变为方差为1的变量。为完成此变换，必须将Y_i除以其标准差。由上一章主成分分析的知识知其标准差即为特征根的平方根$\sqrt{\lambda_i}$。于是，令$F_i = Y_i/\sqrt{\lambda_i}$，$a_{ij} = \sqrt{\lambda_i}\gamma_{ji}$，则式（8-20）变为：

$$\begin{cases} X_1 = a_{11}F_1 + a_{12}F_2 + \cdots + a_{1m}F_m + \varepsilon_1 \\ X_2 = a_{21}F_1 + a_{22}F_2 + \cdots + a_{2m}F_m + \varepsilon_2 \\ \cdots \\ X_p = a_{p1}F_1 + a_{p2}F_2 + \cdots + a_{pm}F_m + \varepsilon_p \end{cases}$$

（8-21）

这与因子模型（8-12）完全一致，这样就得到了因子载荷矩阵$\boldsymbol{A}$和一组初始公共因子（未旋转）。

一般设$\lambda_1 \geqslant \lambda_2 \geqslant \cdots \geqslant \lambda_p$为样本相关矩阵$\boldsymbol{R}$的特征根，$\gamma_1, \gamma_2, \cdots, \gamma_p$为对应的标准正交化特征向量。设$m < p$，则因子载荷矩阵$\boldsymbol{A}$的一个解为：

$$\hat{A} = \left(\sqrt{\lambda_1}\gamma_1, \sqrt{\lambda_2}\gamma_2, \cdots, \sqrt{\lambda_m}\gamma_m \right)$$

（8-22）

共同度的估计为：

$$\hat{h}_i^2 = \hat{a}_{i1}^2 + \hat{a}_{i2}^2 + \cdots + \hat{a}_{im}^2$$

（8-23）

那么如何确定公共因子的数目m呢？一般而言，这取决于研究者本人。对同一问题进行因子分析时，不同的研究者可能会给出不同的公共因子数；当然，有时候由数据本身的特征可以确定因子数目。当用主成分法进行因子分析时，也可以借鉴确定主成分个数的准则，如所选取的公共因子的信息量的和达到总体信息量的一个合适比例为止。但对这些准则不应生搬硬套，应具体问题具体分析，总之要使所选取的公共因子能够合理地描述原始变量相关矩阵的结构，同时要有利于因子模型的解释。

二、主轴因子法

主轴因子法比较简单，且在实际中应用也比较普遍。用主轴因子法求解因子载荷矩阵的方法及思路与主成分法有类似的地方，两者均是从分析矩阵的结构入手；两者不同的地方在于，主成分法是在所有的 p 个主成分能解释标准化原始变量所有方差的基础之上进行分析的，而主轴因子法中，假定 m 个公共因子只能解释原始变量的部分方差，利用公共因子方差（或共同度）来代替相关矩阵主对角线上的元素 1，并以新得到的这个矩阵（称为调整相关矩阵）为出发点，对其分别求解特征根与特征向量并得到因子解。

在因子模型（8-12）中，不难得到如下关于 $\boldsymbol{X}$ 的相关矩阵 $\boldsymbol{R}$ 的关系式：

$$\boldsymbol{R} = \boldsymbol{A}\boldsymbol{A}' + \boldsymbol{\Sigma}_\varepsilon$$

（8-24）

式中，$\boldsymbol{A}$ 为因子载荷矩阵。$\boldsymbol{\Sigma}_\varepsilon$ 为一对角阵，其对角元素为相应特殊因子的方差。称 $\boldsymbol{R}^* = \boldsymbol{R} - \boldsymbol{\Sigma}_\varepsilon = \boldsymbol{A}\boldsymbol{A}'$ 为调整相关矩阵，显然 $\boldsymbol{R}^*$ 的主对角元素不再是 1，而是共同度 h_i^2。分别求解 $\boldsymbol{R}^*$ 的特征根与标准正交特征向量，进而求出因子载荷矩阵 $\boldsymbol{A}$。此时，$\boldsymbol{R}^*$ 有 m 个正的特征根。设 $\lambda_1^* \geqslant \lambda_2^* \geqslant \cdots \geqslant \lambda_m^*$ 为 $\boldsymbol{R}^*$ 的特征根，$\gamma_1^*, \gamma_2^*, \cdots, \gamma_m^*$ 为对应的标准正交化特征向量。$m < p$，则因子载荷矩阵 $\boldsymbol{A}$ 的一个主轴因子解为：

$$\hat{\boldsymbol{A}} = \left(\sqrt{\lambda_1^*}\gamma_1^*, \sqrt{\lambda_2^*}\gamma_2^*, \cdots, \sqrt{\lambda_m^*}\gamma_m^* \right)$$

（8-25）

注意，上面的分析是以首先得到调整相关矩阵 $\boldsymbol{R}^*$ 为基础的，而实际上，$\boldsymbol{R}^*$ 与共同度都是未知的，需要我们先进行估计。一般先给出一个初始估计，估计出因子载荷矩阵 $\boldsymbol{A}$ 后再给出较好的共同度或剩余方差的估计。初始估计的方法有很多，可尝试对原始变量先进行一次主成分分析，给出初始估计值。

三、极大似然法

如果假定公共因子 F 和特殊因子 ε 遵从正态分布，则我们能够得到因子载荷和特殊因子方差的极大似然估计。设 $X_1, X_2, \cdots, X_\rho$ 为来自正态总体 $N(\boldsymbol{\mu}, \boldsymbol{\Sigma})$ 的随机样本，其中 $\boldsymbol{\Sigma} = \boldsymbol{AA}' + \boldsymbol{\Sigma}_\varepsilon$。从似然函数的理论知：

$$L(\mu, \Sigma) = \frac{1}{(2\pi)^{np/2} |\Sigma|^{n/2}} e^{-1/2\pi} \left[\Sigma^{-1} \left(\sum_{j=1}^n (x_i - x)(x_i - x)' + n(x - \mu)(x - \mu)' \right) \right]$$

（8-26）

它通过 $\boldsymbol{\Sigma}$ 依赖于 $\boldsymbol{A}$ 和 $\boldsymbol{\Sigma}_\varepsilon$，但式（8-26）并不能唯一确定 $\boldsymbol{A}$，为此，添加如下条件：

$$A' \Sigma_\varepsilon^{-1} A = \Lambda$$

（8-27）

式中，$\boldsymbol{\Lambda}$ 是一个对角阵，用数值极大化的方法可以得到极大似然估计 $\hat{\boldsymbol{A}}$ 和 $\hat{\boldsymbol{\Sigma}}_\varepsilon$。极大似然估计 $\hat{\boldsymbol{A}}$，$\hat{\boldsymbol{\Sigma}}_\varepsilon$ 和 $\hat{\boldsymbol{\mu}} = \bar{\boldsymbol{x}}$，将使 $\hat{\boldsymbol{A}}' \hat{\boldsymbol{\Sigma}}_\varepsilon^{-1} \hat{\boldsymbol{A}}$ 为对角阵，且使式（8-26）达到最大。

第三节　因子旋转与因子得分

一、因子旋转

不管用何种方法确定初始因子载荷矩阵 $\boldsymbol{A}$，它们都不是唯一的。设 $F_1, F_2, \cdots, F_m$ 是初始公共因子，则可以建立如下的线性组合得到新的一组公共因子 $F_1', F_2', \cdots, F_m'$，

使得 $F_1', F_2', \cdots, F_m'$ 彼此相互独立，同时也能很好地解释原始变量之间的相关关系。

$$\begin{cases} F_1' = d_{11}F_1 + d_{12}F_2 + \cdots + d_{1m}F_m \\ F_2' = d_{21}F_1 + d_{22}F_2 + \cdots + d_{2m}F_m \\ \cdots \\ F_m' = d_{m1}F_1 + d_{m2}F_2 + \cdots + d_{mm}F_m \end{cases}$$

（8-28）

这样的线性组合可以找到无数组，由此便引出了因子分析的第二个步骤——因子旋转。建立因子分析模型的目的不仅在于要找公共因子，更重要的是知道每一个公共因子的意义，以便对实际问题进行分析。然而我们得到的初始因子解中各主因子的典型代表变量不是很突出，容易使因子的意义含糊不清，不便于对实际问题进行分析。出于该种考虑，可以对初始公共因子进行线性组合，即进行因子旋转，以期找到意义更为明确、实际意义更明显的公共因子。经过旋转后，公共因子对 X_i 的贡献 h_i^2 并不改变，但由于因子载荷矩阵发生变化，公共因子本身就可能发生很大的变化，每一个公共因子对原始变量的贡献 g_i^2 不再与原来相同，从而经过适当的旋转我们就可以得到比较令人满意的公共因子。

因子旋转分为正交旋转与斜交旋转，正交旋转由初始因子载荷矩阵 $\boldsymbol{A}$ 右乘一个正交阵得到。经过正交旋转得到的新的公共因子仍然保持彼此独立的性质。而斜交旋转则放弃了因子之间彼此独立这个限制，因而可能达到更为简洁的形式，其实际意义也更容易解释。但不论是正交旋转还是斜交旋转，都应当使新的因子载荷系数要么尽可能地接近 0，要么尽可能地远离 0，因为一个接近 0 的载荷 a_{ij} 表明 X_i 与 F_j 的相关性很弱，而一个绝对值比较大的载荷 a_{ij} 则表明公共因子 F_j 在很大程度上解释了 X_i 的变化。这样，如果任一原始变量都与某些公共因子存在较强的相关关系，而与另外的公共因子之间几乎不相关，公共因子的实际意义就会比较容易确定。

二、因子得分

当因子模型建立起来之后，我们往往需要反过来考察每一个样品的性质及样品之间的相互关系。比如当关于企业经济效益的因子模型建立起来之后，我们希望知道每一个企业经济效益的优劣，或者把诸企业划分归类，如哪些企业经济效益较好，哪些企业经济效益一般，哪些企业经济效益较差等。这就需要进行因子分析的第三个步骤——因子得分。顾名思义，因子得分就是公共因子 $F_1, F_2, \cdots, F_m$ 在每一个样品点上的得分。这需要我们给出公共因子用原始变量表示的线性表达式，这样的表达式一旦能够得到，就可以很方便地把原始变量的取值代入表达式中求出各因子的得分值。

在上一章我们曾给出了主成分得分的概念，其意义和作用与因子得分相似。但是在此处，公共因子用原始变量线性表示的关系式并不易得到。在主成分分析中，主成分是原始变量的线性组合，当取 p 个主成分时，主成分与原始变量之间的变换关系是可逆的，只要知道了原始变量用主成分线性表示的表达式，就可以方便地得到用原始变量表示主成分的表达式。而在因子模型中，公共因子的个数少于原始变量的个数，且公共因子是不可观测的隐变量，因子载荷矩阵 A 不可逆，因而不能直接求得公共因子用原始变量表示的精确线性组合。一个解决该问题的方法是用回归的思想求出线性组合系数的估计值，即建立如下以公共因子为因变量，原始变量为自变量的回归方程：

$$F_j = \beta_{j1} X_1 + \beta_{j2} X_2 + \cdots + \beta_{jp} X_p, \quad j = 1, 2, \cdots, m$$

（8-29）

此处因为原始变量与公共因子变量均为标准化变量，所以回归模型中不存在常数项。在最小二乘意义下，可以得到 F 的估计值

$$\hat{F} = A' R^{-1} X$$

（8-30）

式中，A 为因子载荷矩阵；R 为原始变量的相关矩阵；X 为原始变量向量。这样，在得到一组样本值后，就可以将其代入上面的关系式求出公共因子的估计得分，从而用少数公共因子去描述原始变量的数据结构，用公共因子得分去描述原始变量的取值。在估计出公共因子得分后，可以利用因子得分进行进一步的分析，如样本点之间的比较分析，对样本点的聚类分析等，当因子数 m 较少时，还可以方便地把各样本点在图上表示出来，直观地描述样本的分布情况。

第九章 判别分析

在科研和应用中经常会遇到根据观测到的数据资料，对所研究对象进行分类的问题。例如：在经济研究中要根据人均国民收入、人均工农业产值、人均消费水平等多项指标判别一个国家经济发展所属类别（发达国家、发展中国家等）；在地质勘探中，根据岩石标本的多种特征来判别地层的地质年代，由采样分析出的多种成分来判别此地是有矿还是无矿、是铜矿还是铁矿；在医疗实践中，要根据就诊者的多种体验指标（如体温、血压、脉搏、白血球等）来判别此人有病还是无病、是有这种病还是那种病；等等。这时就需要使用判别分析。虽然判别分析与聚类分析都是研究有关对象的分类问题，但它们的出发点和归宿是不同的。聚类分析是在不知道类型的个数或者对各种类型的结构未作假设的情况下开展工作，它要根据数据的特性，按一定的法则先把数据分成若干类，使同一类里的那些对象在某种意义下表现出相似的特征，不同类里的对象表现出不相似的特征。而判别分析的思想是：首先需要对类（或组）有基本的了解，要求对每一类都有一个样本，然后根据判别要求建立判别函数和判别准则，最后对待判样品的归属做出判别。因此，判别分析是一种主要的、常用的多变量统计分析方法。

第一节 距离判别法

一、两总体的距离判别法

基本思想：首先根据已知分类的数据分别计算各类的重心（各类的均值），对任意的一次观测，若它与第 i 类的重心距离最近，则判它来自第 i 类。在距离判别法中，主要使用马氏距离。设有两个 p 维类别（总体）π_1, π_2 的均值分别为 μ_1，μ_2，协方差

分别为 $\Sigma_1 > 0, \Sigma_2 > 0$，$x$ 是一个待判的 p 维样品，如何根据距离判断 x 是属于哪一类别的样品？

（一）当 $\Sigma_1 = \Sigma_3 = \Sigma$ 时的判别

判别规则 1：先计算 x 与两类别的马氏距离 $d(x, \pi_1)$ 和 $d(x, \pi_2)$，然后根据以下规定进行判别：

$$\begin{cases} x \in \pi_1, & d(x, \pi_1) \leqslant d(x, \pi_2) \\ x \in \pi_2, & d(x, \pi_1) > d(x, \pi_2) \end{cases}$$

（9-1）

这个判别规则称为最小距离判别，即 x 与哪个类别的马氏距离小，就判 x 归属于那个类别。当 $d(x, \pi_1) = d(x, \pi_2)$ 时，实际上 x 可判给任一类或作为待判，下面不再加以说明。

判别规则 2：令 $W(x) = a'(x - \bar{\mu})$，其中 $\bar{\mu} = (\mu_1 + \mu_2)/2$，$a = \Sigma^{-1}(\mu_1 - \mu_2)$，这时判别规则如下：

$$\begin{cases} x \in \pi_1, & W(x) \geqslant 0 \\ x \in \pi_2, & W(x) < 0 \end{cases}$$

（9-2）

$W(x)$ 称为距离判别函数。它是 x 的线性函数，a 称为判别系数。判别规则 2 实际上是判别规则 1 的变形，因为

$$d^2(x, \pi_2) - d^2(x, \pi_1) = 2(\mu_1 - \mu_2)' \Sigma^{-1}(x - (\mu_1 + \mu_2)/2)$$

（9-3）

令 $\bar{\mu} = (\mu_1 + \mu_2)/2$，$a = \Sigma^{-1}(\mu_1 - \mu_2)$，故距离判别法的规则是

$$d^2(x, \pi_1) \leqslant d^2(x, \pi_2) \Leftrightarrow W(x) \geqslant 0$$

（9-4）

在实际应用中，由于各类的均值和协方差一般都是未知的，这时要用样本均值和协方差矩阵分别进行估计。设 $x_{11},x_{12},\cdots,x_{1n_1}$ 和 $x_{21},x_{22},\cdots,x_{2n_2}$ 分别是来自 π_1 和 π_2 的样本，$n_1+n_2-2 \geqslant p$，则 μ_1 和 μ_2 的无偏估计分别是

$$\bar{x}_1 = \frac{1}{n_1}\sum_{j=1}^{n_1} x_{1j}, \quad \bar{x}_2 = \frac{1}{n_2}\sum_{j=1}^{n_2} x_{2j}$$

（9-5）

Σ 的一个联合无偏估计是

$$\hat{\Sigma} = \frac{1}{n_1+n_2-2}(A_1+A_2)$$

（9-6）

其中 $A_i = \sum_{j=1}^{n_i}(x_{ij}-\bar{x}_i)(x_{ij}-\bar{x}_i)'$，$i=1,2$，此时，判别函数是

$$\hat{W}(x) = \hat{a}'(x-\bar{x})$$

（9-7）

这里 $\bar{x} = (\bar{x}_1+\bar{x}_2)/2$，$\hat{a} = \hat{\Sigma}^{-1}(\bar{x}_1-\bar{x}_2)$。判别规则是：

$$\begin{cases} x \in \pi_1, & \hat{W}(x) \geqslant 0 \\ x \in \pi_2, & \hat{W}(x) < 0 \end{cases}$$

（9-8）

若 π_1 和 π_2 都是正态分布，则两个误判概率 $p(2|1)$ 和 $p(1|2)$ 可用

$$\hat{\Delta}^2 = (\bar{x}_1-\bar{x}_2)'\hat{\Sigma}^{-1}(\bar{x}_1-\bar{x}_2)$$

（9-9）

作为估计，这些估计都是有偏差的，但大样本时偏差可以忽略。

若 π_1 和 π_2 不能假定为正态分布，则 $p(2|1)$ 和 $p(1|2)$ 只能用样品的误判比例来估计，

这类方法不依赖于总体的分布形式，通常有以下3种估计方法。

回代法：把原来的数据分别代入所建立的判别函数，按判别法则确定它们的归属。令 $n(2|1)$ 为样本中来自 π_1 而误判为 π_2 的个数，$n(1|2)$ 为样本中来自 π_2 而误判为 π_1 的个数，则 $p(2|1)$ 和 $p(1|2)$ 的估计是

$$\hat{p}(2|1) = n(2|1)/n_1, \quad \hat{p}(1|2) = n(1|2)/n_2$$

(9-10)

该方法简单、直观、易于计算，但它给出的估计值通常偏低。

把样本一分为二：一部分作为训练样本，用于构造判别函数；另一部分用作验证样本，对判别函数进行评估。误判概率用验证样本的被误判比例来估计，这样得到的估计是无偏的。但这种方法有两个缺陷：一是需要大样本；二是在构造判别函数时只用部分样本，从而丢失了一些有价值的信息。

刀切法或交叉验证法：从类别 π_1 中剔除 x_{1j}，用余下的 n_1-1 个观测值和类别 π_2 中的 n_2 个观测值构造判别函数，然后对 x_{1j} 进行判别，$j=1,2,\cdots,n_1$。同样，从类别 π_2 中取出 x_{2j}，用余下的 n_2-1 个观测值和类别 π_1 中的 n_1 个观测值构造判别函数，再对 x_{2j} 进行判别，$j=1,2,\cdots,n_2$。令 $n^*(2|1)$ 为样本中来自 π_1 而误判为 π_2 的个数，$n^*(1|2)$ 的含义相仿，则两个误判概率 $p(2|1)$ 和 $p(1|2)$ 的估计分别是

$$\hat{p}(2|1) = n^*(2|1)/n_1, \quad \hat{p}(1|2) = n^*(1|2)/n_2$$

(9-11)

它们都是接近无偏的估计量。

（二）当 $\Sigma_1 \neq \Sigma_2$ 时的判别

先计算 $d(x,\pi_1) = \left[(x-\mu_1)'\Sigma_1^{-1}(x-\mu_1)\right]^{1/2}$，

$$d(x,\pi_2) = \left[(x-\mu_2)'\Sigma_2^{-1}(x-\mu_2)\right]^{1/2}。$$

若令

$$W(x) = d^2(x,\pi_2) - d^2(x,\pi_1)$$
$$= (x-\mu_2)'\Sigma_2^{-1}(x-\mu_2) - (x-\mu_1)'\Sigma_1^{-1}(x-\mu_1)$$

（9-12）

则判别准则是

$$\begin{cases} x \in \pi_1, & 若 W(x) \geqslant 0 \\ x \in \pi_2, & 若 W(x) < 0 \end{cases}$$

（9-13）

二、多总体的距离判别法

设有 $k(k\geqslant 3)$ 个 p 维总体 $\pi_1, \pi_2, \cdots, \pi_k$，它们的均值分别是 $\mu_1, \mu_2, \cdots, \mu_k$，协方差矩阵分别是 $\Sigma_1 > 0, \Sigma_2 > 0, \cdots, \Sigma_k > 0$，现有样品 x，应该如何判别样品 x 的归属？

判别的方法还是前面的思路：

先计算样品 x 到每个总体的马氏距离：

$$d(x,\pi_i) = \left[(x-\mu_i)'\Sigma_i^{-1}(x-\mu_i)\right]^{1/2}, \quad i=1,2,\cdots,k$$

（9-14）

哪个距离最小，就把样品 x 判给那个总体。即

$$x \in \pi_j, 若 d(x,\pi_j) = \min_{1 \leqslant i \leqslant k} d(x,\pi_i)$$

（9-15）

考虑 k 个协方差矩阵是否相等，在协方差矩阵相等的情况下，具体判别法则可以简

化。若 $\Sigma_1 = \Sigma_2 = \cdots = \Sigma_k = \Sigma$，此时考虑用距离平方比较方便：

$$d^2(x, \pi_i) = (x - \mu_i)' \Sigma^{-1} (x - \mu_i) = x'\Sigma^{-1}x - 2\mu_i'\Sigma^{-1}(x - \mu_i/2), \quad i = 1, 2, \cdots, k。$$ 由于各距离中首项都一样，因此只要比较 $\mu_i'\Sigma^{-1}(x - \mu_i/2)$ 的大小即可，这时判别规则是

$$x \in \pi_j, 若 \mu_i'\Sigma^{-1}(x - \mu_j/2) = \max_{1 \leq i \leq k}\left(\mu_i'\Sigma^{-1}(x - \mu_i/2)\right)$$

（9-16）

设 $g_i = \Sigma^{-1}\mu_i$，$c_i = -\mu_i'\Sigma^{-1}\mu_i/2$；则 $\mu_i'\Sigma^{-1}(x - \mu_i/2) = g_i'x + c_i$ 为 x 的线性函数。

在实际应用中，$\mu_1, \mu_2, \cdots, \mu_k$ 和 $\Sigma_1, \Sigma_2, \cdots, \Sigma_k$ 通常都是未知的，这时要用相应的样本均值和样本协方差来估计它们。设 $x_{i1}, x_{i2}, \cdots, x_{in_i}$ 是从总体 π_i 中抽取的一个样本，则 μ_i 的无偏估计是

$$\bar{x}_i = \frac{1}{n_i} \sum_{j=1}^{n_i} x_{ij}, \quad i = 1, 2, \cdots, k$$

（9-17）

对 $\Sigma_1, \Sigma_2, \cdots, \Sigma_k$ 的估计分两种情况：

当 $\Sigma_1 = \Sigma_2 = \cdots = \Sigma_k = \Sigma$ 时，Σ 的估计是

$$\hat{\Sigma} = \frac{1}{n-k} \sum_{i=1}^{k} A_i$$

（9-18）

其中 $A_i = \sum_{j=1}^{n_i} (x_{ij} - \bar{x}_i)(x_{ij} - \bar{x}_i)'$，$i = 1, 2, \cdots, k$，这时判别规则为

$$x \in \pi_j, 若 \bar{x}_j'\hat{\Sigma}^{-1}(x - \bar{x}_j/2) = \max_{1 \leq i \leq k}\left[\bar{x}_i'\hat{\Sigma}^{-1}(x - \bar{x}_i/2)\right]$$

（9-19）

当 $\Sigma_1, \Sigma_2, \cdots, \Sigma_k$ 不全相等时，用 $S_i = A_i/(n_i - 1)$ 作为 Σ_i 的估计，判别规则为

$$x \in \pi_j, \text{若} \hat{d}^2(x, \pi_j) = \min_{1 \leq i \leq k} \hat{d}^2(x, \pi_i)$$

(9-20)

其中 $\hat{d}^2(x, \pi_i) = (x - \bar{x}_i)' S_i^{-1}(x - \bar{x}_i)$，$i = 1, 2, \cdots, k$。

由于 $\Sigma_1, \Sigma_2, \cdots, \Sigma_k$ 是否相等关系到判别函数是使用二次函数还是线性函数的问题，因此除了要检验各组均值是否相等外，还要检验各组协方差是否相等，即检验 H_0：$\Sigma_1 = \Sigma_2 = \cdots = \Sigma_k = \Sigma_0$。

第二节 Bayes 判别法

一、Bayes 判别法的基本思想

Bayes 判别法的基本思想是先假定对所研究的对象已有一定的认识，用先验分布（概率）描述这种认识。设有 k 个总体 $\pi_1, \pi_2, \cdots, \pi_k$，样品 x 来自它们的先验概率分别为 $p_1, p_2, \cdots, p_k$（可以由经验得到或估计出），各总体的密度函数分别为 $f_1(x), f_2(x), \cdots, f_k(x)$（在离散情况下是概率函数）。已知新样品为 x，由 Bayes 公式可算得它来自第 i 个总体的概率是

$$p(\pi_i | x) = \frac{p_i f_i(x)}{\sum_{i=1}^{k} p_i f_i(x)}, \quad i = 1, 2, \cdots, k$$

(9-21)

称 $p(\pi_i|x)$，$i=1,2,\cdots,k$ 为后验概率。

根据不同的判别准则，可以得到不同的判别方法。下面介绍最大后验概率判别准则和最小平均误判代价准则。

二、最大后验概率判别准则

比较式（9-21）中 k 个后验概率的大小，把新样品 x 归判为后验概率最大的总体：

$$x\in\pi_j,\text{若}\ p(\pi_j|x)=\max_{1\leqslant i\leqslant k}p(\pi_i|x)$$

（9-22）

此即最大后验概率判别准则。

三、最小平均误判代价准则

在进行判别分析的过程中会发生误判，各种误判所产生的后果可能是不一样的。例如，在药品检验中把有毒的样品判为无毒的后果要比把无毒的样品判为有毒的后果严重得多；把不合格的样品判为合格的后果要比把合格的样品判为不合格的后果严重。一个好的判别准则应该使误判损失最小，误判代价是误判后果的数据表示。由于最大后验概率准则没有涉及误判的代价，在各种误判代价明显不同的场合下，该准则就不合适。

1. 两总体最小平均误判代价准则

设有两个总体 π_1 和 π_2，其概率密度分别为 $f_1(x)$ 和 $f_2(x)$，x 是 p 维向量，记 Ω 为所有可能观测值 x 的全体，称 Ω 为样本空间。R_1 为根据准则要判为 π_1 的那些 x 的全体，$R_2=\Omega-R_1$ 是要判为 π_2 的那些 x 的全体，$R_1\cap R_2=\varnothing$，$R_1\cup R_2=\Omega$。用 $p(i|j)$ 表示某个体实际来自 π_j 而被判为 π_i 的概率，则

$$p(2|1)=p(x\in R_2|\pi_1)=\int_{R_2}\cdots\int f_1(x)\,\mathrm{d}x$$

（9-23）

$$p(1|2) = p(x \in R_1 | \pi_2) = \int_{R1} \cdots \int f_2(x) \mathrm{d}x$$

（9-24）

则有

$$p(1|1) = p(x \in R_1 | \pi_1) = \int_{R1} \cdots \int f_1(x) \mathrm{d}x$$

（9-25）

$$p(2|2) = p(x \in R_2 | \pi_2) = \int_{R2} \cdots \int f_2(x) \mathrm{d}x$$

（9-26）

又设 p_1 和 p_2 分别表示 x 来自总体 π_1 和 π_2 的先验概率，且 $p_1 + p_2 = 1$，于是

p（正判为 π_1）= p（来自 π_1，被判为 π_1）

$$= p(x \in R_1 | \pi_1) \cdot p(\pi_1) = p(1|1) \cdot p_1$$

p（误判为 π_1）= p（来自 π_2，但被判为 π_1）

$$= p(x \in R_1 | \pi_2) \cdot p(\pi_2) = p(1|2) \cdot p_2$$

（9-27）

把上述的误判概率与误判损失结合起来就可以定义平均误判损失，即

$$\mathrm{ECM}(R_1, R_2) = C(2|1)p(2|1)p_1 + C(1|2)p(1|2)p_2$$

（9-28）

最小平均误判损失就是要选择样本空间 Ω 的一个划分 R_1 和 $R_2 = \Omega - R_1$，使得平均误判损失式（9-28）达到最小。

2.多总体的最小平均误判代价准则

设有 k 个总体 $\pi_1, \pi_2, \cdots, \pi_k, \pi_i$ 的密度函数为 $f_i(x)$，先验概率为 $p_i, i = 1, 2, \cdots, k$。

用 $C(j|i)$ 表示来自 π_i 的个体而被误判为 π_j 产生的损失，这时 $C(i|i) = 0$，$i = 1, 2, \cdots, k$。又记 R_i 是根据规则被判为 π_i 的那些 x 组成的集合，$i = 1, 2, \cdots, k$，且 R_i

互斥完备。

$$p(j|i) = p(x \in R_j | \pi_i) = \int_{R_j} \cdots \int f_i(x)\mathrm{d}x, \quad i,j = 1,2,\cdots,k$$

$$p(j|i) = 1 - \sum_{\substack{j \neq i \\ j=1}}^{k} p(j|i)$$

（9-29）

来自 π_i 的个体被误判的平均损失为

$$\mathrm{ECM}(R_i) = \sum_{\substack{j \neq i \\ j=1}}^{k} p(j|i) C(j|i)$$

（9-30）

于是总平均误判损失为

$$\mathrm{ECM}(R_1, R_2, \cdots, R_k) = \sum_{i=1}^{k} \left[p_i \sum_{\substack{j \neq i \\ j=1}}^{k} p(j|i) C(j|i) \right]$$

（9-31）

对于多总体情况，合理的判别规则应使式（9-31）达到最小，使 ECM 达到最小的判别规则是

$$x \in \pi_j, 若 \sum_{\substack{i \neq j \\ i=1}}^{k} p_i f_i(x) C(j|i) = \min_{1 \leq i \leq k} \sum_{\substack{i \neq j \\ i=1}}^{k} p_i f_i(x) C(j|i)$$

（9-32）

第三节　Fisher 判别法

一、两总体 Fisher 判别法

设两总体 π_1，π_2 均值向量分别为 μ_1，μ_2，它们的协方差矩阵相同，设为 $\Sigma > 0$，x 是 p 维随机向量，$y = l'x$，当选取 $l = c\Sigma^{-1}\delta = c\Sigma^{-1}(\mu_1 - \mu_2)$ 时，其中 $c \neq 0$ 为常数，式 $\dfrac{(\mu_{1y} - \mu_{2y})^2}{V(y)} = \dfrac{[l'(\mu_1 - \mu_2)]^2}{l'\Sigma l} = \dfrac{(l'\delta)^2}{l'\Sigma l}$ 达到最大。特别地，当 $c = 1$ 时，线性函数

$$y = l'x = (\mu_1 - \mu_2)'\Sigma^{-1}x$$

（9-33）

是 Fisher 线性判别函数。

证明：由于 Σ 是 p 阶正定矩阵，$(l'\delta)^2 \leqslant (l'\Sigma l)(\delta'\Sigma^{-1}\delta)$，

等号当且仅当 $l = c\Sigma^{-1}\delta$ 时成立，$c \neq 0$ 为常数。因此有 $\dfrac{(l'\delta)^2}{l'\Sigma l} \leqslant \delta'\Sigma^{-1}\delta$

当选取 $l = c\Sigma^{-1}\delta = c\Sigma^{-1}(\mu_1 - \mu_2)$ 时，式 $\mu_j'\Sigma^{-1}(x - \mu_j/2) + \ln p_j = \max\limits_{1 \leqslant i \leqslant k}$ $[\mu_i'\Sigma^{-1}(x - \mu_i/2) + \ln p_i]$ 达到最大，最大值是

$$\delta'\Sigma^{-1}\delta = (\mu_1 - \mu_2)'\Sigma^{-1}(\mu_1 - \mu_2) = D^2$$

称 $D^2 = (\mu_1 - \mu_2)'\Sigma^{-1}(\mu_1 - \mu_2)$ 为两个总体的马氏距离的平方。

令

$$L = (\mu_{1y} + \mu_{2y})/2 = (l'\mu_1 + l'\mu_2)/2 = (\mu_1 - \mu_2)'\Sigma^{-1}(\mu_1 + \mu_2)/2$$

（9-34）

则 L 是 Fisher 判别准则中的一个判别限（两个总体均值的中点）。

上面其他记号不变，取 $l' = (\mu_1 - \mu_2)' \Sigma^{-1}$，则有以下不等式：$\mu_{1y} > L > \mu_{2y}$。

事实上，当 $x \in \pi_1$ 时，$\mu_{1y} = l'\mu_1 = (\mu_1 - \mu_2)' \Sigma^{-1} \mu_1$，注意 $\Sigma^{-1} > 0$，且

$$\mu_{1y} - L = \frac{1}{2}\left[(\mu_1 - \mu_2)' \Sigma^{-1} (\mu_1 - \mu_2)\right] > 0。$$

而当 $x \in \pi_2$ 时，$\mu_{2y} = l'\mu_2 = (\mu_1 - \mu_2)' \Sigma^{-1} \mu_2$，

$$\mu_{2y} - L = \frac{1}{2}\left[(\mu_1 - \mu_2)' \Sigma^{-1} (\mu_1 - \mu_2)\right] < 0$$

由此可得如下的两总体 Fisher 判别准则：

$$x \in \pi_1, \ (\mu_1 - \mu_2)' \Sigma^{-1} x \geqslant L$$
$$x \in \pi_2, \ (\mu_1 - \mu_2)' \Sigma^{-1} x < L$$

（9-35）

在实际中若出现 $(\mu_1 - \mu_2)' \Sigma^{-1} x = L$，则可把 x 判给 π_1，也可判给 π_2，这里为了方便把它判给 π_1。

令

$$W(x) = (\mu_1 - \mu_2)' \Sigma^{-1} x - L = (\mu_1 - \mu_2)' \Sigma^{-1} x - (\mu_1 + \mu_2)' \Sigma^{-1} (\mu_1 - \mu_2)/2$$

（9-36）

故

$$W(x) = (\mu_1 - \mu_2)' \Sigma^{-1} \left[x - (\mu_1 + \mu_2)/2\right]$$

（9-37）

$W(x)$ 是 Fisher 关于两总体的线性判别函数。利用 $W(x)$，Fisher 判别准则变成

$$\begin{cases} x \in \pi_1, \ W(x) \geqslant 0 \\ x \in \pi_2, \ W(x) < 0 \end{cases}$$

（9-38）

当总体参数 μ_1，μ_2 及 Σ 未知时，仍然需要利用样本对 μ_1，μ_2 和 Σ 进行估计，要注意的是，在进行 Fisher 判别之前，必须对两总体的均值向量差异是否显著进行检验，否则判别误差大。在总体为正态时，假设从总体 π_1 和 π_2 分别抽取 n_1 和 n_2 个观测值 $(n_1+n_2-2>p)$：

$$x_{11}, x_{12}, \cdots, x_{1n_1}; \quad x_{21}, x_{22}, \cdots, x_{2n_2}$$

（9-39）

由此可以算得样本均值向量和协方差阵是

$$\underset{(P\times 1)}{\overline{x}_1} = \frac{1}{n_1}\sum_{j=1}^{n_1} x_{1j}, \underset{(P\times P)}{S_1} = \frac{1}{n_1-1}\sum_{j=1}^{n_1}(x_{1j}-\overline{x}_1)(x_{1j}-\overline{x}_1)',$$

$$\underset{(P\times 1)}{\overline{x}_2} = \frac{1}{n_2}\sum_{j=1}^{n_2} x_{2j}, \underset{(P\times P)}{S_2} = \frac{1}{n_2-1}\sum_{j=1}^{n_2}(x_{2j}-\overline{x}_2)(x_{2j}-\overline{x}_2)',$$

（9-40）

用以下 $\hat{\Sigma}$ 作为协方差阵 Σ 的估计：

$$\hat{\Sigma} = \frac{1}{n_1+n_2-2}(A_1+A_2)$$

（9-41）

$A_i = (n_i-1)S_i$，$i=1,2$，用其 $\overline{x}_1$，$\overline{x}_2$ 和 $\hat{\Sigma}$ 代替式（9-39）中的 μ_1, μ_2 和 Σ，得 Fisher 判别准则：

$$\begin{cases} x\in\pi_1, (\overline{x}_1-\overline{x}_2)'\hat{\Sigma}^{-1}x \geqslant \hat{L} \\ x\in\pi_2, (\overline{x}_1-\overline{x}_2)'\hat{\Sigma}^{-1}x < \hat{L} \end{cases}$$

（9-42）

其中 $\hat{L} = (\overline{x}_1+\overline{x}_2)'\hat{\Sigma}^{-1}(\overline{x}_1-\overline{x}_2)$。把它们代入式（9-41）得判别准则为

$$\begin{cases} x \in \pi_1, & \hat{W}(x) \geqslant 0 \\ x \in \pi_2, & \hat{W}(x) < 0 \end{cases}$$

（9-43）

这里 $\hat{W}(x) = (\bar{x}_1 - \bar{x}_2)' \hat{\Sigma}^{-1} [x - (\bar{x}_1 + \bar{x}_2)/2]$。

$$\max \frac{(\hat{l}'\hat{S})^2}{\hat{l}'\hat{\Sigma}\hat{l}} = (\bar{x}_1 - \bar{x}_2)' \hat{\Sigma}^{-1} (\bar{x}_1 - \bar{x}_2) = \hat{D}^2$$

（9-44）

称为样本的马氏距离平方。

D^2 可用来检验两总体均值 μ_1 和 μ_2 差异的显著性。假设总体 π_1 和 π_2 分别服从正态分布 $N_p(\mu_1, \Sigma)$ 和 $N_p(\mu_2, \Sigma)$，由于

$$\frac{n_1 + n_2 - p - 1}{(n_1 + n_2 - 2)p} \cdot \frac{n_1 n_2}{n_1 + n_2} D^2 \sim F(p, n_1 + n_2 - p - 1)$$

（9-45）

利用此分布可检验 $H_0 : \mu_1 = \mu_2$ 和 $H_1 : \mu_1 \neq \mu_2$。若 H_0 被拒绝，则可推断总体 π_1 和 π_2 的差异是显著的。

二、多总体的 Fisher 判别法

假设有 k 个总体 $\pi_1, \pi_2, \cdots, \pi_k$，它们的均值向量分别是 $\mu_1, \mu_2, \cdots, \mu_k$，而协方差矩阵都相等，即 $=\Sigma_1 = \Sigma_2 = \cdots = \Sigma_k = \Sigma > 0$。记

$$\bar{\mu} = \frac{1}{k} \sum_{i=1}^{k} \mu_i, \quad \boldsymbol{B} = \Sigma (\mu_i - \bar{\mu})(\mu_i - \bar{\mu})'$$

（9-46）

考虑线性组合 $y = l'x$，l 为 p 维实数列向量，对于总体 π_i，相对于 y 的均值和方差为

$$\mu_{iy} = E(y | x \in \pi_i) = E(l'x | x \in \pi_i) = l'\mu_i, \quad i = 1, 2, \cdots, k,$$

（9-47）

$$Var(y) = l'Var(x)l = l'\Sigma l$$

（9-48）

$$\bar{\mu}_y = \frac{1}{k}\sum_{i=1}^{k}\mu_{iy} = \frac{1}{k}\sum_{i=1}^{k}l'\mu_i = l'\bar{\mu},$$

（9-49）

$$\frac{\sum_{i=1}^{k}(\mu_{iy} - \bar{\mu}_y)^2}{Var(y)} = \frac{\sum_{i=1}^{k}(l'\mu_i - l'\bar{\mu})^2}{l'\Sigma l} = \frac{l'Bl}{l'\Sigma l}$$

（9-50）

设 $\lambda_1 \geqslant \lambda_2 \geqslant \cdots \geqslant \lambda_m > 0$ 为 $\Sigma^{-1}B$ 的 m 个非零特征根，这里 $m \leqslant \min(k-1, p)$，$l_i = \Sigma^{-1/2} t_i^*$ 为 λ_i 的满足 $l_i'\Sigma l_i = 1$ 的特征向量，$i = 1, 2, \cdots, m$，其中 t_i^* 是 $\Sigma^{-1/2}B\Sigma^{-1/2}$ 属于 λ_i 的标准正交的特征向量。取

$l_1 = \Sigma^{-1/2} t_1^*$ 可使 $l'Bl / l'\Sigma l$ 达到最大，则线性组合 $y_1 = l_1'x$ 称为第一判别函数。除去 $l_1'x, l_2'x, \cdots, l_{s-1}'x$，则 $l_2 = \Sigma^{-1/2} t_2^*$ 是在约束条件 $Cov(l_i'x, l'x) = 0$，$i < s$ 下 $l'Bl / l'\Sigma l$ 达到最大的解，称

$y_s = l_s'x$ 为第 s 判别函数。同时有 $Var(l_i'x) = 1$，$i = 1, 2, \cdots, m$。

证明：因为 $\lambda_1 \geqslant \lambda_2 \geqslant \cdots \geqslant \lambda_m > 0$ 为 $\Sigma^{-1}B$ 的 m 个非零特征根，故它们是 $\Sigma^{-1/2}B\Sigma^{-1/2}$ 的 m 个非零特征根。设 $t_1^*, t_2^*, \cdots, t_m^*$ 是 $\Sigma^{-1/2}B\Sigma^{-1/2}$ 相应标准正交的特征向量，则

$l_i = \Sigma^{-1/2} t_i^*$ 是 $\Sigma^{-1} B$ 相应的特征向量，且 $l_i' \Sigma l_i = t_i^{*'} \Sigma^{-1/2} \Sigma \Sigma^{-1/2} t_i^* = t_i^{*'} t_i^* = 1$，$i = 1,2,\cdots,m$。令 $l = \Sigma^{-1/2} z$，则

$$\frac{l' B l}{l' \Sigma l} = \frac{z' \Sigma^{-1/2} B \Sigma^{-1/2} z}{z' z}$$

（9-51）

当 $l_1 = \Sigma^{-1/2} t_1^*$ 时，$l' B l / l' \Sigma l$ 达到最大值 λ_1，且 $Var(l_1' x) = t_1^{*'} \Sigma^{-1/2} \Sigma \Sigma^{-1/2} t_1^* = t_1^{*'} t_1^* = 1$。

在约束条件 $Cov(l_i' x, l' x) = 0$，$i < s$ 下，要求使得 $l' B l / l' \Sigma l$ 达到最大的向量，实际上就是在限制 $l_i' \Sigma l = 0$，$i < s$ 下求使得 $l' B l / l' \Sigma l$ 达到最大的向量。再变换一下就是在限制 $z_i' z = 0$，$i < s$ 下求 $z' \Sigma^{-1/2} B \Sigma^{-1/2} z / (z' z)$ 达到最大的向量。

建立判别函数 $y_i = l_i' x$，$i = 1,2,\cdots,m$ 后，它们组成判别向量 $y = (y_1, y_2, \cdots, y_m)'$，对总体 π_i 来说，其中心（条件均值）是

$$\mu_{iy} = E(y \mid x \in \pi_i) = (\mu_{i1}, \mu_{i2}, \cdots, \mu_{im})' = (l_1' \mu_i, l_2' \mu_i, \cdots, l_m' \mu_i)', i = 1,2,\cdots,k$$

（9-52）

对新样品 x_0，根据判别函数，它对应于 $y_0 = (y_{01}, y_{02}, \cdots, y_{0m})'$，它与 μ_{iy} 的欧几里得距离平方为

$$D^2(y_0, \mu_{iy}) = (y_0, \mu_{iy})'(y_0 - \mu_{iy}) = \sum_{t=1}^{m}(y_{0t} - \mu_{it})^2, i = 1,2,\cdots,k$$

（9-53）

注意：因为 $y_1, y_2, \cdots, y_m$ 互不相关，所以这里使用欧几里得距离。

因此，对新样品 x_0，在 Fisher 线性判别函数下对应于 $y_0 = (y_{01}, y_{02}, \cdots, y_{0m})'$，于是新样品 x_0 的判别准则是

$$x_0 \in \pi_j, 若 D^2(y_0, \mu_{iy}) = \min_{1 \leq i \leq k} D^2(y_0, \mu_{iy})$$

（9-54）

若满足的标号有 $j_1, j_2, \cdots, j_r (1 \leq r \leq k)$，则 x_0 可判给其中任一个。

上面已经讨论在多总体下如何求 Fisher 的线性判别函数，但求得判别函数的个数与 $\Sigma^{-1}B$ 非零特征根的个数相同，因为 Fisher 判别的思想是降维，所以判别函数的个数应尽量减少。

因此，如果 $r(r<m)$ 个判别函数已能足够反映 p 个原始变量的变化，即有效判别率（前 r 个特征根之和与所有特征根之和的比）在 85%以上，则只需利用前 r 个判别函数进行判别。于是对于样品 x_0，这时判别规则是

$$x_0 \in \pi_j, 若 \sum_{s=1}^{r}(y_{0s} - \mu_{js})^2 = \min_{1 \leq i \leq k} \sum_{s=1}^{r}(y_{0s} - \mu_{js})^2$$

（9-55）

当各总体的均值向量 μ_i，$i=1,\cdots,k$，Σ 均未知时，与前面一样，需利用从各总体抽出的样本来估计，设 $x_{i1}, x_{i2}, \cdots, x_{in_i}$ 为取自总体 π_i 的容量为 n_i 的样本，$i=1,2,\cdots,k$，则样本的均值向量和协方差阵分别是

$$\bar{x}_i = \frac{1}{n_i} \sum_{j=1}^{n_{ij}} x_{ij}, \quad i=1,2,\cdots,k,$$

$$S_i = \frac{1}{n_i - 1} \sum_{j=1}^{n_i} (x_{ij} - \bar{x}_i)(x_{ij} - \bar{x}_i)', \quad i=1,2,\cdots,k$$

（9-56）

所有样本的均值向量是

$$\bar{x} = \frac{1}{n} \sum_{i=1}^{k} n_i \bar{x}_i = \frac{1}{n} \sum_{i=1}^{k} \sum_{j=1}^{n_i} x_{ij}, n = \sum_{i=1}^{k} n_i$$

$$\hat{B} = \sum_{i=1}^{k} n_i (\overline{x}_i - \overline{x})(\overline{x}_i - \overline{x})'$$

（9-57）

$$\hat{B} = \sum_{i=1}^{k} n_i (\overline{x}_i - \overline{x})(\overline{x}_i - \overline{x})'$$

（9-58）

这里 $A = \sum_{i=1}^{k}(n_i - 1)S_i$ 为组内平方和及交叉乘积和，B 为组间平方和及交叉乘积和。用 $\overline{x}_i, \overline{x}, B, \Sigma$ 分别代替 $\mu_i, \overline{\mu}, B$ 和 Σ。注意到 A 与 $\hat{\Sigma}$ 相差一个常数倍。因此，

$$\max_l \frac{l'\hat{B}l}{l'\hat{\Sigma}l} \text{ 与 } \max_l \frac{l'\hat{B}l}{l'Al} \text{ 有相同的解，且若 } A^{-1}\hat{B}\hat{l} = \hat{\lambda}\hat{l}, \text{ 则 } \hat{\Sigma}^{-1}B\hat{l} = (n-k)\hat{\lambda}\hat{l}, \text{ 即 } A^{-1}B$$

与 $\Sigma^{-1}B$ 有相同的特征向量 $\hat{l}$。于是可以用 $A^{-1}B$ 的特征向量 $\hat{l}_i$ 来表示极值问题的解，这样就可以得到多个总体的第 i 个 Fisher 样本判别函数：

$$y_i = \hat{l}_i' x, \quad i = 1, 2, \cdots, m$$

（9-59）

其中 $\hat{l}_i$ 是 $A^{-1}B$ 的第 i 个大的特征根所对应的特征向量，且满足 $\hat{l}_i'\hat{\Sigma}\hat{l}_i = 1$，$\hat{l}_i'\hat{\Sigma}\hat{l}_j = 0, i \neq j$，相应的判别准则与上面相仿，即有

$$x_0 \in \pi_j, \text{ 若} \sum_{s=1}^{m}\left[\left(\hat{l}_s'x_0 - \hat{l}_s'\overline{x}\right) - \left(\hat{l}_s'\overline{x}_j - \hat{l}_s'\overline{x}\right)\right]^2 = \min_{1 \leq i \leq k} \sum_{s=1}^{m}\left[\left(\hat{l}_s'\overline{x}_0 - \hat{l}_s'\overline{x}\right) - \left(\hat{l}_s'\overline{x}_i - \hat{l}_s'\overline{x}\right)\right]^2$$

（9-60）

参 考 文 献

[1] 邓光明.应用多元统计分析[M].西安：西北工业大学出版社，2019.

[2] 高贤强.Excel 统计分析与应用教程[M].北京：清华大学出版社，2019.

[3] 葛新权.统计学分析与应用[M].北京：经济科学出版社，2018.

[4] 韩明.应用多元统计分析[M].上海：同济大学出版社，2019.

[5] 李金德.SPSS 统计分析与应用[M].北京：清华大学出版社，2019.

[6] 李志辉，杜志成.MedCalc 统计分析方法及应用[M].北京：电子工业出版社，2018.

[7] 罗花容.SPSS 24 统计分析基础与案例应用教程[M].北京希望电子出版社，2017.

[8] 罗小青，薛珑.金融统计与分析应用[M].长沙：湖南师范大学出版社，2019.

[9] 綦路.统计分析方法与应用研究[M].长春：吉林科学技术出版社，2019.

[10] 邱伟，胡恭华.SPSS 统计分析应用教程[M].哈尔滨：黑龙江人民出版社，2020.

[11] 覃义，南江霞.R 语言与应用统计分析实验指导[M].北京：中国统计出版社，2017.

[12] 汪海波，罗莉，汪海玲.R 语言统计分析与应用[M].北京：人民邮电出版社，2018.

[13] 王鹤春.统计分析的应用与案例[M].沈阳：辽宁教育出版社，2020.

[14] 王娜.R 语言在统计分析中的应用[M].长春：吉林大学出版社，2020.

[15] 魏高文.医学统计设计与数据分析的 SPSS 应用[M].北京：中国中医药出版社，2020.

[16] 夏龙.Minitab 应用统计分析[M].北京：电子工业出版社，2019.

[17] 徐小平.概率论与数理统计应用案例分析[M].北京：科学出版社，2019.

[18] 徐鹰.统计分析在语言研究中的应用[M].广州：华南理工大学出版社，2018.

[19] 张立新.应用多元统计分析[M].哈尔滨：哈尔滨工业大学出版社，2020.

[20] 张赛茵.Berkson 测量误差模型的统计推断及其在可靠性分析中的应用[M].北京：首都经济贸易大学出版社，2018.

[21] 赵永满，张慧明.Minitab 统计分析方法及应用[M].成都：四川大学出版社，2018.

[22] 钟海燕，殷锋. IBM SPSS 统计分析与应用[M]. 北京：中国经济出版社，2018.

[23] 周防震，罗凯. SPSS 与试验设计和统计分析应用指南[M]. 武汉：华中科技大学出版社，2019.